國學

经典语录

GUOXUEJINGDIANYULU100

100

主　编＼罗永妃　王　强

副主编＼罗　媛　刘志勇

编　委＼刘吉第　刘晓金　陈媛萍

邵新蓓　沈　林　余　涛　张　雯

刘思思

江西人民出版社　全国百佳出版社

图书在版编目(CIP)数据

国学经典语录100 / 罗永妃, 王强主编.
—南昌 :江西人民出版社, 2013.12
ISBN 978-7-210-06343-8

Ⅰ.①国… Ⅱ.①罗… ②王… Ⅲ.①国学—语录

Ⅳ.①Z126

中国版本图书馆CIP数据核字(2013)第 312254 号

国学经典语录100

罗永妃　王强　主编
装帧创意 :胡家莹
封面设计 :游珑
责任编辑 :周伟平
出版 :江西人民出版社
发行 :各地新华书店
地址 :江西省南昌市三经路47号附1号
编辑部电话 :0791-86898054
发行部电话 :0791-86898815
邮编 :330006
网址 :www.jxpph.com
E-mail :jxpph@tom.com　web@jxpph.com
2013年12月第1版　2013年12月第1次印刷
开本 :1/16
印张 :10　字数 :200千字
ISBN 978-7-210-06343-8
赣版权登字—01—2013—189
版权所有　侵权必究
定价 :25.00元
承印厂 :南昌市红星印刷有限公司
本书图片资料来源于网络,特向原作者致谢
赣人版图书凡属印刷、装订错误,请随时向承印厂调换

浩瀚五千年，中国传统文化博大精深。国学作为中华文明的重要载体，其经典著作凝缩着中华文化之精髓，其思想智慧成为传之千古的结晶。国学经典不仅是中华民族的灿烂遗产，也是国人不可或缺的精神食粮。

读国学经典，能助今人修身怡心，达到"腹有诗书气自华"之境界；品国学经典，能让今人以圣人为师，汲取历经岁月沉淀的人生哲理。

本书是为高校学生编写的国学读本，节选了中国传统文化中最为人们所熟知的部分经典语录，希望通过对经典的学习，一方面培养学生敦厚善良的品德、积极向上的态度、良好的学习和生活习惯，明白做人做事的基本道理，使学生适应社会的需要；另一方面慢慢地将中华民族的人文精神、核心价值观渗透到学生心中，并一代代传承下去，以弘扬优秀的中国传统文化，发扬民族精神。

本书以诵读为主，讲解为辅，以学生粗通渐悟为宗旨，目的是对学生今后的生活、学习、工作有所引导，所以不做过多的理论考证，讲解时尽量把传统文化的精髓与当代学生的思想观念、价值取向结合起来，以编者现有的认识水平，尽量还原国学的本来面目，让学生在轻松愉快的学习氛围中领悟古圣先贤的智慧。

全书精选中华传统文化中极具代表性的25个伦理道德范畴，每个伦理道德范畴各以一个字表示，围绕每个伦理道德范畴分别挑选了四句经典语录。选择的依据是既要保持中国传统文化的精髓，又要贴近学习、生活实际，且便于修养道德。希望每位读到此书的人都能受到思想的启迪和心灵的净化，这将是对编者最好的回报！

读者倘能以此为入门之阶，激发起内心的愤悱之情，并化为明辨是非、独立思考的动力，这就与编者编写此书的初衷不谋而合了。因时间及学识有限，本书肯定存在不少讹误与有待商榷之处，敬请方家不吝赐教！

编者

2013年11月

目录

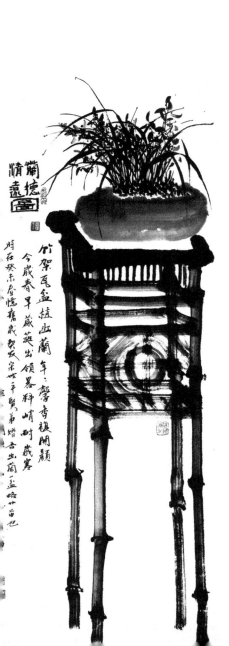

壹 仁

「仁」是儒家学说的思想核心。仁，从人从二，本指人与人之间相互亲爱，讲的就是如何处理好人与人之间的关系。孔子解释仁为『爱人』。这里的『爱』，是友爱、亲近之意，是带有极强主观感情色彩的感情投入。在上古时代，这个爱更多地表现在血缘关系的紧密程度上。这就给『仁』赋予了血缘的最初本义。因此，孔子将最初的范围限定在『事亲』，然后推而广之，施之于社会成员，上至于君王，下至于黎民。仁由主观情感的投入开始，延伸于社会却运行于『礼』的范畴之内。这正是儒学的精妙之处。通过『仁』，外在的等级制度被转化为内在的道德自觉。在天人合一的世界观影响下，这种源自主体的『仁』规范，表现出来的就是封建宗法制度。

人的本性又与天相沟通，体现着『天理』的必然。

一方面沟通了社会秩序，另一方面，它也是打通天人的唯一工具。仁乃人之本性，而

总而言之，儒家的『仁学』是建立在最切近人伦，最难摆脱的亲情之上，为封建伦理秩序寻找理论依据。因此，不仅最能为统治者接受，也非常能获得普通百姓的认同。

正是基于这一点，所以封建『仁学』能成为整个封建统治的核心思想，成为构筑中国式的『伦理—社会—政治』学说的奠基石。

【解读】

　　中华民族自古是礼仪之邦，早在 2500 多年前儒家思想即彰显了炎黄子孙的文明。孔孟先师创立的儒家学说为振兴中华绽放出灿烂的光华。孔子创立的儒家思想对后世中国以及整个东方文化产生了巨大的影响。他推崇周礼的典章、制度、礼仪、习俗以及传统的宗法等级制度。主张君臣父子，尊上、事君、行孝，从而维护和巩固了几千年的封建统治。孔子思想体系的核心是"仁"。孔子宣扬"仁"的学说。他认为"仁"即"同情和爱人"。学生樊迟曾问老师孔子："什么是仁？"答曰："爱人。"爱别人，关爱别人，就是"仁"，即仁者爱人。他大声疾呼"爱人"、"安人"、"安百姓"、"泛爱众"、"博施济众"，表现了天下为仁的朴素的人道主义精神。

【原文】

　　孟子曰："君子所以异于人者，以其存心也。君子以仁存心①，以礼存心。仁者爱人，有礼者敬人。爱人者，人恒爱之；敬人者，人恒敬之。"

　　　　　　——出自《孟子·离娄下》

【注释】

　　①以仁存心：内心所怀的想法是仁。

【译文】

　　孟子说："君子与一般人不同的地方在于，他内心所怀的想法不同。君子内心所怀的想法是仁，是礼。仁爱的人爱别人，有礼节的人尊敬别人。爱别人的人，别人也一直爱他；尊敬别人的人，别人就一直尊敬他。

②

【解读】

今天,很多人对于儒学的精神境界和人生价值取向并不十分明确。很多人在谈论儒学时,首先想到的可能是忠孝礼义信,或者是简单的君子与小人,并不知道儒学最基础的精神内涵就是这句"己欲立而立人,己欲达而达人"。这句话非常清晰地传达了作为儒学创始人孔子关于仁的基本定义,这个定义包含了一个人在社会中最基本的做人原则和价值观,即:先人后己的利他主义。一个人生活在社会中是不能自私自利的,而是一定要学会观照他人的利益。这个原则是任何一个社会道德建构的基石和人与人和谐相处的准则,具有极其重要的普世价值。从这个意义上说,"仁"的精神内涵不仅不是过时的,反而更值得当代社会反思与借鉴。

两千五百年前的孔子,为继承和发扬中华民族传统文化,删《诗》《书》,定《礼》《乐》,最终确立了以"仁"为精神内核的儒学理念。在之后的历史实践中,"仁"作为最具中国文化特色的道德理念逐渐被整个社会所接纳,并不断得到完善和发展,中国的"仁"的精神已经升华成了对整个人类的大爱。正是因为"仁"的理念的长期浸染,才造就了中华民族仁爱宽厚、兼容并包的民族性格和生生不息的历史命运。

【原文】

子曰:"夫仁者,己欲立①而立人,己欲达②而达人。能近取譬③,可谓仁之方也已。"

——出自《论语·雍也》

【注释】

①立:有所作为。

②达:显达。

③能近取譬:能够以自身打比方,即推己及人的意思。

【译文】

孔子说:"仁德的人,自己想有所作为,也尽心尽力地让别人有所作为,自己想飞黄腾达,也尽心尽力地让别人飞黄腾达。凡事能就近以自己作比,而推己及人,可以说就是实行仁的方法了。"

3

【解读】

　　孔子说的"克己复礼"只是在说一种具体的学习和修养方法；这里说的"礼"，就是指当时社会生活中实行的各种礼仪规范，而学习各种礼仪，正是孔子教学的重要内容。值得注意的是，孔子在这里强调的，不是应当按礼仪规范去待人接物，而是不符合礼的事就不要去做。也就是说，学习礼，不仅仅是要依礼而行，更重要的是要随时警惕自己不要去做失礼的事——"非礼勿视、非礼勿听、非礼勿言、非礼勿动"，要做到这"四勿"，就必须"克己"，也就是要随时注意约束自己，克服种种不良习性和私心，这其实也正是今天我们常说的"战胜自我"。

　　当然，孔子强调随时注意不失礼，并不是希望弟子都变得循规蹈矩、谨小慎微。孔子认为礼的本质是仁爱。如果人们都能够依礼行事、非礼不行，那么就会在不知不觉之间提升自己的人格而成为一个"仁者"。也就是说，克己复礼是"为仁"。

【原文】

　　颜渊问仁。子曰："克己复礼为仁，一日克己①复礼②，天下归仁焉。为仁由己，而由人乎哉？"

　　　　　　　　——出自《论语·颜渊》

【注释】

　　①克己：克制自己。

　　②复礼：使自己的言行都符合礼的规范。

【译文】

　　颜渊问什么是仁。孔子说："克制自己，使言行符合于礼的规范，就是仁。有一天做到了克制自己，符合于礼，天下就归附于仁者。实行仁，在于自己，难道还在于别人吗？"

4

【原文】

　　子曰:"知①者乐水,仁者乐山;知者动,仁者静;知者乐,仁者寿。"

　　　　　　——出自《论语·雍也》

【注释】

　　①知:通"智"。

【译文】

　　孔子说:"智者喜欢水,仁者喜欢山。智者像水一样灵动,仁者像山一样安静。智者活跃,仁者沉静。智者快乐,仁者长寿。"

【解读】

　　孔子认为:人和自然是一体的,山和水作为物质,存在于我们生命的时空,山和水的特点也反映在人的素质之中。水柔和而锋利,时而变化为云雨,时而变化为霜雪,在漫长的生命迁徙中,它无惧无悔,一路欢歌,顺应着形势,变幻着千姿百态。而聪明人和水一样,善于随机应变,常常能洞察事物的发展,"明事物之万化,亦与之万化",而不固守一成不变的某种标准和规则,所以,水总是活跃、乐观的。而山呢,以大地为根基,巍然屹立,不为外在的事物所动摇;也像个母亲,张开手臂,包容万物。而仁爱之人正如山一般,宽容仁厚,不役于物,也不伤于物,不忧不惧,所以,仁者能够长寿。

贰 義

义，中国古代一种含义极广的道德范畴。本指公正、合理而应当做的。管子最早提出了『义』（《管子·卷一·牧民第一》）『四维不张，国乃灭亡。——右国颂』『何谓四维？一曰礼，二曰义，三曰廉，四曰耻』。孟子阐述『义』他认为『信』和『果』都必须以『君子之于天下也，无适也，无莫也，义之与比』。又：『君子喻于义，小人喻于利。』《孟子·离娄下》：『大人者，言不必信，行不必果，惟义所在。』

5

【原文】

生,亦我所欲也;义,亦我所欲也;二者不可得兼①,舍生而取义者也。

——出自《孟子·告子上》

【注释】

①兼:同时。

【译文】

生命是我所想要的,正义也是我所想的,如果两者不能同时得到,就舍弃生命而取正义。

【解读】

孟子主张"性善说",即人性里天生就有向善的种子,这种善的天性,就是人的"本心"。"本心"不可小视,因为它们分别是仁义礼智这几种道德的萌芽形态:"恻隐之心,仁之端也;羞恶之心,义之端也;辞让(意近"恭敬")之心,礼之端也;是非之心,义之端也。"人应该推求本心,顺着"本心"的方向发展,并将它发扬光大,从而成为道德上完善的人。本节孟子从人应如何对待自己的欲望入手,阐明义重于生,提出舍生取义的观点。

6

【解读】

"荣"、"辱"原本是与"义"、"利"密切相关的一对思想理念:"先义而后利",就是"荣";反之,若"先利而后义",甚至于见利忘义、唯利是图,就是"辱"。"物类之起,必有所始;荣辱之来,必象其德"(《劝学》),也就是说,"荣辱"又必然是根源于人对"德"的基本选择。

【原文】

荣辱之大分①,安危利害之常体②:先义而后利者荣,先利而后义者辱。

——出自《荀子·荣辱》

【注释】

①分:辨别,区分。

②常体:普通的状态。

【译文】

荣与辱的最大区别,要根据一个人对安危利害态度来判别:把义放在首位然后取利的为荣,把利放在首位而后才求义的就是耻辱。

7

【原文】

　　君子思义而不虑利，小人贪利而不顾义。

　　　　　　——出自刘安《淮南子·缪称训》

【译文】

　　德行高尚的人想着道义而不计较私利，德行低下的人贪图私利而不顾道义。

【解读】

　　古人对"义"进行评价时，往往把"利"作为它的对立面，在义利之辨中反映出重义轻利的思想观念。对利的追求，必须以义为前提，利合于义则取之，违于义则去之。"义然后取，人不厌其取。"（《论语·宪问》）所以，"见利"必须"思义"。"非其义也，非其道也，一介不以与人，一介不以取诸人。"《孟子·万章上》"不义而富且贵，于我如浮云。"（《论语·述而》）只要是不义之利，无论大小，都不能取。

8

【原文】

义者,心之养也;利者,体之养也。

——出自董仲舒《春秋繁露》

【译文】

"义"是用来修养心性的;"利"是用来修养身体的。

【解读】

先秦儒家把义利作为区分君子与小人、荣与辱的重要标准:"君子喻于义,小人喻于利。"(《论语·里仁》)董仲舒进一步发展了这种重义轻利的观念,董仲舒承认义与利都是人所需要的,但义是用来滋养心灵的,而利是用来保养肉体的;心灵比肉体更重要,所以义对人的滋养价值远远超过了利。这种思想发展到后来的宋明理学,便产生了天理人欲的大辩论。

禮

叁

礼，在中国古代用于定亲疏，决嫌疑，别同异，明是非。《释名》曰：『礼，体也。言得事之体也。』《礼器》曰：『忠信，礼之本也；义理，礼之文也。无本不立，无文不行。』礼是一个人为人处世的根本，也是人之所以为人的一个标准。故《论语》曰：『不学礼，无以立。』

9

【原文】

　　人有礼则安,无礼则危。故曰:礼者不可不学也。

　　　　　　——出自《礼记·曲礼上》

【译文】

　　人际交往中有礼仪就可以安稳有序,没有礼仪就会混乱危殆。所以说礼仪规范是不可以不学习的。

【解读】

　　中华民族有知礼、习礼、守礼、重礼的传统,所以被称之为"礼仪之邦"。礼仪在古代社会规范着人的道德和行为,也是文明的象征,是中华民族优秀文化传统之一。礼仪的掌握与否,关系到个人和社会的安危。学习礼仪,实践礼仪,对于提高个人的道德修养,增进人际关系的和谐,养成文明的社会风气,都有着积极的影响。只有大家都以礼相待,社会才会和谐。

10

【原文】

衣食以厚民生，礼义以养其心。

——出自元·许衡《鲁斋集》

【译文】

衣食是用来让老百姓生活幸福的，而礼义是用来培养人的性情的。

【解读】

儒家重视礼，礼的实质就是一套行为标准和评价标准，是对人的外在形象的引导和约束，所以重视礼的实质就是希望改变人的外在形象，从而引导内在修养向好的方面发展。

11

【原文】

富贵而知好礼,则不骄不淫;贫贱而知好礼,则志不慑。

——出自《礼记·曲礼上》

【译文】

身处富贵,懂得追求礼仪的教化,那么人就不会骄奢淫靡。身处贫贱,懂得追求礼仪的教化,那么人的志向气节不会被(环境)所威慑击垮。

【解读】

礼是一个人为人处世的根本,应该表里一致,才能从根本上消除人与人之间的隔阂、摩擦,进而互敬互爱,友好相处。尊重他人,就要平等待人,不分贵贱等级,一视同仁。《论语·子罕》载:孔子看见穿丧服、戴礼帽、穿礼服的人和盲人,即使这些人年轻,孔子必定站起来。行过别人面前时,一定快步走过,以示敬意。古人敬人的方法,也有值得借鉴的地方。

12

【原文】

容貌、态度、进退、趋行，由礼则雅，不由礼则夷固僻违、庸众而野。故人无礼则不生，事无礼则不成，国家无礼则不宁。

——出自《荀子·修身》

【译文】

在容貌、态度、进退、行走方面，遵循礼仪就显得文雅，不遵循礼仪就显得鄙陋邪僻、庸俗粗野。所以人没有礼仪就不能生存，事情没有礼仪就不能办成，国家没有礼仪就不得安宁。

【解读】

儒家认为，人人遵守符合其身份和地位的行为规范，便"礼达而分定"，国家便可以长治久安了。反之，弃礼而不用，或不遵守符合身份、地位的行为规范，人便庸俗粗野，儒家心目中的理想社会便无法建立和维持了，国家也就不可得而治了。

荀子作为儒家学派的代表人物之一，其独特见解，自成一说，其重视礼仪的观点也与孔子一致。

肆 智

在儒家的道德规范体系中，『智』是最基本最重要的德目之一，也是儒家理想人格的重要品质之一，被视为『三达德』、『四德』及『五常』之一。

首先把『智』视为道德规范、道德品质或道德情操来使用的，是孔子。他把『智』与『仁』『勇』两个道德规范并举，定位为君子之道，即所谓『知（智）者不惑，仁者不忧，勇者不惧』。

13

【原文】

子曰:"君子道者三,我无能焉:仁者不忧,知者不惑,勇者不惧。"子贡曰:"夫子自道也。"

——出自《论语·宪问》

【译文】

孔子说:"君子之道有三个方面,我都未能做到:仁德的人不忧愁,聪明的人不迷惑,勇敢的人不畏惧。"子贡说:"这正是老师的自我表述啊!"

【解读】

作为君子,孔子认为其必需的品格有许多,这里他强调指出了其中的三个方面:仁、智、勇。《论语·子罕》(子曰:"知者不惑,仁者不忧,勇者不惧。")当中,孔子也讲到以上这三个方面。

14

【原文】

明者远见于未萌,智者避危于无形;祸因多藏于隐微,而发于人之所忽。

——出自司马相如《谏猎》

【译文】

聪明的人在事情尚未萌发时,就能预见到发展态势,智慧的人在祸乱还没有显现时,就能避免危险;祸患本来大多隐藏在难以察觉的地方,发生在人容易疏忽的时候。

【解读】

汉武帝迷恋狩猎,达到如痴如狂的程度。他已不满足于带领武士合围捕猎,而是手持戈矛,亲身和野兽搏斗,猎杀熊豕,以表现自己的勇武。司马相如曾多次陪同汉武帝狩猎,对其危险性十分了解。于是写了《谏猎》,上书劝谏,并告诫说:"明者远见于未萌,智者避危于无形。"劝说武帝不要因眼前乐趣,无视突发祸患,冒险打猎,而要防患于未然。

15

【原文】

智者顺势而谋，愚者逆理而动。

——出自范晔《后汉书·朱浮列传》

【译文】

睿智的人善于根据时势谋划，愚蠢的人逆着潮流行动。

【解读】

世事纷繁复杂、变幻莫测，成事需要一往无前的勇气，更需要灵活变通的智谋。宋代罗大经《鹤林玉露·临事之智》中云："大凡临事无大小，皆贵乎智。智者何？随机应变，足以得患济事者是也。"从一定意义上说，智者便是能随机应变之人。

灵活变通才能使自己永远处于主动地位，驾驭事态发展，以实现既定目标。

16

【原文】

知人者智,自知者明,胜人者力,自胜者强。

——出自老子《道德经》第三十三章

【译文】

了解别人是智慧,了解自己是圣明,战胜别人是有力量,战胜自己才是强大。

【解读】

人贵有自知之明。孔子曾叹曰:"所信者目也,而目犹不可信;所恃者心也,而心犹不足恃。弟子记之,知人固不易矣。"故此,人们说"知人"难,"自知"就更难。一个人只有具备"知人"之"智",又有"自知"之"明"和"自胜"之"能",才能成为真正的智者和强者。这是老子留给后人的启示。

伍 信

『信』既是儒家实现『仁』这个道德原则的重要条件之一，又是其道德修养的内容之一。孔子及其弟子提出『信』，是要求人们按照礼的规定互守信用，借以调整统治阶级之间、对立阶级之间的矛盾。『信』作为儒家的伦理范畴，意为诚实，讲信用，不虚伪。汉儒把『信』列入『五常』之中。

17

【原文】

民无信不立。

——出自《论语·颜渊》

【译文】

一个国家不能得到老百姓的信任就要垮掉。

【解读】

子贡问孔子治国之道,孔子回答说:"粮食充足,军备充足,民众对执政者信任。"子贡说:"如果不得已,要从这三项中去掉一项呢?"孔子说:"去掉军备。"子贡又问:"还要去掉一项呢?"孔子说:"去掉粮食。自古以来,失去民众信任的执政者是站不住脚的。""信"作为道德的一个重要范畴,要求人与人之间的交往言而有信。无论是个人还是国家,都要讲诚信,才有立足之地。如果执政者将诚信束之高阁,会失去民众的信任和支持。《管子·乘马》中说:"非诚贾不得食于贾,非诚工不得食于工,非诚农不得食于农,非信士不得立于朝。"意思是无论经商,或务农的,或者当官的,都要讲究诚信,否则就不要以此谋生。

18

【原文】

　　志不强者智不达，言不信者行不果。

　　　　　　　——出自《墨子·修身》

【译文】

　　志向不坚定的人智慧就得不到充分的发挥，说话不讲信用的人做事不会有好结果。

【解读】

　　对于"诚信"的含义，中国的先贤曾有自己的诠释。《礼记·乐记》中曾有记载"著诚去伪，礼之经也"；老子曰"信言不美，美言不信"；儒家学说则把"仁、义、礼、智、信"作为"立人"五德。自古以来，我们的祖先就有"人无信则不立"的说法，从商鞅辕门立木到曾子杀猪教子，"言必行，行必果"作为衡量个人品行优劣的道德标准之一，已经成为中华民族的传统美德，并对民族文化、民族精神的塑造起了不可或缺的作用。

19

【原文】

　　小信诚则大信立。

　　　　　　——出自《韩非子·外储说上》

【译文】

　　做小事情讲信用，就能够建立起大信誉。

【解读】

　　与人交往，要讲究诚信，即诚实守信。"诚"就是诚实无欺、诚实做人、诚实做事、实事求是；"信"即有信用、讲信誉、守信义。诚实是获得信任的前提，信任的基础永远是诚实。"一粒沙里见世界"，大信誉的建立从每一件小事做起。

20

【原文】

不信不立，不诚不行。

——出自宋·晁说之《晁氏客语》

【译文】

一个人不讲信用，在（社会上）是不能立足的；一个人不讲诚信，也是走不远的。

【解读】

是否诚实守信，不仅反映一个人的思想品质和道德觉悟，更重要的是它也影响到一个人的前途和发展。一个表里不一、言而无信的人，可能蒙混乃至得势一时，但决不会长久，到头来还会让不信不诚害了自己。

陆

忠

忠，中国古代道德规范之一。「忠」是存心居中，正直不偏。人要做到竭诚尽责就是忠的表现。

忠，从中，从心；本义作『敬』解，见《说文解字》，古人以不懈于心为敬；必尽心任事始能不懈于位，故忠从心。又以中有不偏不倚之意，忠为正直之德，故从中声，原意为人诚恳厚道、尽心尽力，后有忠于他人、忠于君主及国家等多种含义，如『君使臣以礼，臣事君以忠』。有时特指臣民对君主和国家应尽的道德义务。

21

【原文】

人无忠信，不可立于世。

——出自宋·程颐《程颐文集》

【译文】

人如果不讲忠诚、信义，那么他将无法在世界上立足。

【解读】

"忠"是规范一切人际关系的行为准则，是待人接物的基本之道。其具体要求是诚而不欺、与人为善、先人后己、助人为乐等。如《增韵》训"忠"为"内尽其心而不欺"。孔子在回答子张问"行"时则说"言忠信，行笃敬"；在回答樊迟问"仁"时言"居处恭，执事敬，与人忠"；在回答子张问"政"时曰"居之无倦，行之以忠"；在回答子贡问"友"时说"忠告而善道之"。《孟子·滕文公上》则有"教人以善谓之忠"等。这些表述都是指人与人相处的基本原则。

22

【原文】

曾子曰："吾日三省吾身：为人谋而不忠乎？与朋友交而不信乎？传不习乎？"

——出自《论语·学而》

【译文】

曾子说："我每天多次反省自己，为别人办事是不是尽心竭力了呢？同朋友交往是不是做到诚实可信了呢？老师传授给我的学业是不是复习了呢？"

【解读】

儒家十分重视个人的道德修养，以求塑造成理想人格。自省是自我修养的基本方法。

在春秋时代，社会变化十分剧烈，反映在意识领域中，即人们的思想信仰开始发生动摇，传统观念已经在人们的头脑中出现危机。于是，曾参提出了"反省内求"的修养办法，不断检查自己的言行，以求塑造成理想人格。《论语》中多次谈到自省的问题，要求孔门弟子自觉地反省自己，进行自我批评，加强个人思想道德修养，改正个人言行举止上的各种错误。这种自省的道德修养方式在今天仍有值得借鉴的地方。

【原文】

尽于人曰忠，不欺于己曰信。

——出自宋·司马光《四言铭系述》

【译文】

对别人尽心尽力就是忠心，不自欺欺人就是诚信。

【解读】

忠是存心居中，正直不偏。人要做到竭诚尽责就是忠的表现。

古人谓：忠者，德之正也。惟正己可以化人，故正心所以修身乃至于齐家、治国、平天下。而尽忠者，必能发挥出最大的智慧和才干，因为公生明，偏则暗；因此无论是做大事业的，还是在平凡职位上的，要想真正做好，须臾都不能离开忠字。

24

【原文】

临患不忘国,忠也。

——出自《左传·昭公元年》

【译文】

面临祸患仍不忘国家,这是忠诚的表现。

【解读】

"忠"也是民对待国家的态度和行为。这一含义在《左传》中有较多表述。如晋大夫赵文子说:"临患不忘国,忠也。"晋大夫荀息说:"公家之利,知无不为,忠也。"在困难面前,能够先想到自己的国家;有利于国家的事情,知道了就义不容辞地去做,这就是"忠"。可见,"忠"不仅是人与人相互关系的行为准则,也包括了个体对国家的责任和义务。

柒 孝

百善孝为先，孝为仁之根本。中华文明之所以成为世界四大文明、六种古文明形态中唯一传承至今而没有中断的文明，中华民族之所以代代相传、生生不息五千年，就是因为这种亲亲尊尊的孝文化——世世代代父慈子孝、尊老爱幼、长幼有序，以及由这种孝文化而形成的血缘宗法制度，就是因为有我们整个民族的共有的精神信仰。

『孝』是中华民族的美德，也是我们的信仰。行孝、尽孝是做人的最基本的责任和道义，是天之经地之义也。儿孙绕膝、子孙满堂、家庭和睦是人生的福气，由家庭而国家、由国家而天下，如果家庭父慈子孝、礼敬有序，那么推而广之，就能社会和谐，国泰民安。孝之义大矣哉！

【原文】

子曰:"夫孝,天之经①也,地之义②也,民之行③也。"

——出自《孝经·三才》

【注释】

①经:常规,原则,借指永恒不变的规律。

②义:正理,准则。

③行:品行,行为。

【译文】

孔子说:"孝,就像上天的规范,大地的准则,是人的最根本的品行。"

【解读】

孔子用了一个生动的比喻来说明孝的重大意义。人秉承天地之气而生长,人也效法天地而存在,孝就像天经地义一样,永远地施行流传。孝就是天经地义之事,孝就是民众的行为常德,孝贯通了天地人三才。

人们应该去效法天与地的经常法则,效法天的常明来常行孝道,效法地的常利来行义,以此来顺化天下。因此那些教化不必有待于严肃说教,而自成道理;那些政治不必有待于严酷管理,而自行被治理。

26

【解读】

此章,孔子先批评了当时世俗中对"孝"的误解,然后再指明"孝"的核心是"敬"。只有饮食的奉养,而没有尊敬的"孝",与对待犬马无异;要在奉养好长辈的基础上,还要尊敬长辈,才能算得上是"孝"。

本章中,子游问孝,孔子也没有直接给出答案,而是以"不敬,何以别乎"来反问子游,启发子游反思世俗,反思自己,得出只有在奉养好长辈的基础上,还要尊敬长辈,才能算得上是"孝"的结论。

【原文】

子游①问孝。子曰:"今之孝者,是谓能养②。至于犬马,皆能有养;不敬③,何以别乎。"

——出自《论语·为政》

【注释】

①子游:孔子弟子,姓言,名偃,字子游。

②养:赡养、供养。

③敬:尊敬。

【译文】

子游问怎么做才是尽孝。孔子说:"现在人们认为的孝,就是能赡养父母。(其实)连狗马等牲畜都能得到饲养,假如仅是供养父母而无敬心,这样供养父母与饲养牲口又有什么区别呢?"

27

【解读】

"尊老爱幼"是中华民族五千多年灿烂文化的优良传统。尊老爱幼不仅仅限于赡养孝敬自己的父母、抚养爱护自己的子女,更是要求人们用一颗博爱的心去善待普天之下所有的老人和孩子。犹如孔子所谓的大同世界,"人不独亲其亲,不独子其子,使老有所终,壮有所用,幼有所长,鳏寡孤独废疾者皆有所养"。让社会上的老人都能颐养天年、安享晚年,让年富力强的壮年人发挥自己的作用,贡献力量,让孩童能够快乐健康地成长,让孤寡、残疾之人有所供养,这不正是我们和谐社会的源泉吗?

【原文】

老吾老以及人之老①,幼吾幼以及人之幼②。

——出自《孟子·梁惠王上》

【注释】

①第一个"老",动词,孝敬、尊敬之意。第二、三个"老",名词,老人、长辈之意。

②第一个"幼",动词,抚养、爱护之意。第二、三个"幼",名词,子女、小辈之意。

【译文】

孝敬自己的长辈,推广开去也孝敬别人的长辈;爱护自己的子女,推广开也去爱护别人的子女。

28

【解读】

此诗描写的是慈母缝衣的普通场景,表现的却是诗人内心深沉的情感。开头两句从人到物,突出了两件最普通的东西,写出了母子相依为命的骨肉之情。紧接两句写出人的动作和意态,把笔墨集中在慈母上。行前的此时此刻,母亲一针一线,针针线线都是这样的细密,是怕儿子迟迟难归,故而要把衣衫缝制得更为结实一点儿吧。其实,母亲的内心何尝不是期盼儿子早些平安归来呢!慈母的一片深笃之情,正是在日常生活中最纤微的地方流露出来。朴素自然,亲切感人。这里既没有言语,也没有眼泪,然而一片爱的纯情从这普通常见的场景中充溢而出,拨动着每一个读者的心弦,催人泪下,唤起普天下儿女们深挚的忆念。

最后两句,以当事者的直觉,翻出进一层的深意:“谁言寸草心,报得三春晖。”诗人出以反问,意味尤为深长。这两句是前四句的升华,通俗形象的比兴,加以悬绝的对比,寄托了赤子炽烈的情意:对于春天阳光般厚博的母爱,小小的萱草花表达的孝心怎么报答得了呢。

【原文】

慈母手中线,游子身上衣。临行密密缝,意恐①迟迟归。谁言寸草心②,报得三春晖③!

——出自唐·孟郊《游子吟》

【注释】

①意恐:担心。

②寸草:萱草。萱草(花)是我国传统的母亲花,相对于西方的康乃馨。寸草心:以萱草(花)来表达子女的孝心。

③三春晖:指慈母之恩。三春:春季的三个月。旧称农历正月为孟春,二月为仲春,三月为季春;晖,阳光;形容母爱如春天温暖、和煦的阳光照耀着我们。

【译文】

慈祥的母亲手里把着针线,为即将远游的孩子赶制新衣。临行时她忙着缝儿子远征的衣服,又担心孩子此去难得回归。谁能说像萱草的那点孝心,可报答春晖般慈母恩惠?

捌 悌

悌，从心，从弟，本义作「善兄弟」解，见《说文解字》。又心中有弟，则如同兄弟间彼此诚心相友爱之意。且以弟又有「次第」意，即有顺的意味。因此「善兄弟」者，弟对兄当恭顺，而兄对弟亦当爱护，顺其正而加以诱掖之。

悌，儒家的伦理范畴，指敬爱兄长，顺从兄长。目的在于维护封建的宗法关系。常与「孝」并列，称为「孝悌」。儒家非常重视「孝悌」，把它看作是实行「仁」的根本条件，是做人、做学问的根本。孝悌不是教条，是培养人性光辉的爱，是中国文化的精神。

29

【解读】

　　孝悌为仁之本，其实也是孔子思想的体现。孔子的仁学开创了一个伦理学的新时代。而对仁的阐述也往往因时因人而异，给后人的理解留下了广阔的空间和余地。在理解上，古往今来似有两种解释：一种以为孝悌是仁之本；一种以为孝悌是行仁的根本。编者倾向于后一种解释。孝悌还不是仁，但却是达到仁的必由之路或根本条件。中国古代是宗法伦理社会，孝悌是极为重要的两个德目，自不必说。即使在当今社会，孝悌何尝不需要呢？君不见，时下的时尚青年根本不知何谓孝悌，甚至一听孝字，从心底冒出一股不屑："什么老古董了还拿出来教训人？"从其思想意识中根本就丧失了对父母的孝心，对兄长的敬重。而出自血缘的亲情都不放在眼里的人，怎么能指望他去关爱他人呢！当然，话仍不能反过来说，有了孝悌就一定能实现仁。孝悌只是达到仁的境界的一个必要条件罢了。

【原文】

　　孝弟[1]也者，其为仁之本与。

　　　　　　——出自《论语·学而》

【注释】

　　[1] 弟：同"悌"[tì]

【译文】

　　孝悌，它是实行仁的根本。

30

【原文】

谨庠序①之教，申之以孝悌之义，颁白者②不负戴③于道路矣。

——出自《孟子·梁惠王上》

【注释】

①庠序：古代的地方学校。商代叫序，周代叫庠[xiáng]。

②颁白者：老人。颁白，头发花白。颁：通"斑"。

③负：背着东西。戴：头顶着东西。

【译文】

认真地办好各级学校，反复地用孝顺父母、敬爱兄长的道理来教育他们，那么，头发白了的老人就不会肩扛头顶着东西赶路了。

【解读】

孟子强调了"孝悌"的重要性，孝悌，是儒家两大基本的道德要求，是儒家学说一切君子修为的基础。"孝"即孝敬父母，也可延及所有长辈；"悌"，指尊敬兄长。"孝悌"规定了一个人对父母、兄长所应具有的态度和行为要求。孔孟孝悌观的提出，目的在于从解决家庭关系入手，进而扩充到社会关系，使之服务于政治，从而解决现实生活中的诸多问题。他们认为，一个没有孝悌观念的人，其本质是不善良的、自私的，这样的人，是没有社会责任感的。只有家庭中的爱确立了，才能有社会的爱，才能有济世观。在这个基础上，再向人民施以教化，使之上养父母，下和兄弟，"修其孝悌忠信"，最后就能达到天下大治。孔孟的孝悌观是中国所独有的伦理观念，其对中国的德化作用及对当今社会的现实意义亦是我们必须承认、不可低估的。

31

【原文】

弟子规,圣人训,首孝悌,次谨信①。泛爱众,而亲仁,有余力,则学文。

——出自《弟子规》

【注释】

①谨信:谨言慎行,讲求信用。

【译文】

弟子规,是圣人的教诲。首先要孝敬父母、友爱兄弟姊妹,其次要谨言慎行、讲信用。博爱众人,亲近有仁德的人。有多余的时间和精力,那么就读书。

【解读】

《弟子规》原名《训蒙文》,原作者李毓秀是清朝康熙年间的秀才。以《论语》"学而篇"第六条"弟子入则孝,出则悌,谨而信,泛爱众而亲仁。行有余力,则以学文"的文义以三字一句、两句一韵编纂而成。全篇先为"总叙",然后分为"入则孝、出则悌、谨、信、泛爱众、亲仁、余力学文"几个部分。后来清朝贾存仁修订改编《训蒙文》,并改名《弟子规》。

《弟子规》根据《论语》等经典编写而成,它集孔孟等圣贤的道德教育之大成,提传统道德教育著作之纲领,是接受伦理道德教育、养成有德有才之人的最佳读物。与《三字经》《百家姓》《千字文》有同等影响。

32

【原文】

有子①曰:"其为人也孝弟②,而好犯上者③,鲜④矣;不好犯上,而好作乱者,未之有也⑤。"

——出自《论语·学而》

【注释】

①有子:孔子的学生,姓有,名若。在《论语》中,记载的孔子学生,一般都称字,只有曾参和有若称"子"。

②弟:读音和意义与"悌"相同。

③犯上:犯,冒犯;上,指在上位的人。

④鲜:音xiǎn,少的意思。

⑤未之有也:此为"未有之也"的倒装句型。古代汉语的句法有一条规律,否定句的宾语若为代词,一般置于动词之前。

【译文】

有子说:"孝顺父母,顺从兄长,而喜好触犯上层统治者,这样的人是很少见的。不喜好触犯上层统治者,而喜欢造反的人是没有的。"

【解读】

有若认为,人们如果能够在家中对父母尽孝,对兄长顺服,那么他在外就可以对国家尽忠,忠以孝悌为前提,孝悌以忠为目的。儒家认为,在家中实行了孝悌,统治者内部就不会发生"犯上作乱"的事情;再把孝悌推广到劳动民众中去,民众也会绝对服从,而不会起来造反,这样就可以维护国家和社会的安定。在春秋时代,周天子实行嫡长子继承制,其余庶子则分封为诸侯,诸侯以下也是如此。整个社会从天子、诸侯到大夫这样一种政治结构,其基础是封建的宗法血缘关系,而孝悌说正反映了当时宗法制社会的道德要求。孝悌与社会的安定有直接关系。

玖 節

节，竹节也，又操也。气节，节操之意。气节是中国传统文化中衡量士大夫或者仁人志士的人格标准，具体地讲是一个人或者一个民族自尊心和自信心的表现。气节是人们为维护人格、民族的尊严和利益所表现出的牺牲精神和斗争勇气。从某种意义来说，气节也就是骨气，但气节的适用主体稍有差异。骨气一般对维护个人人格尊严而言，气节是对维护民族尊严和利益而言。骨气是气节的基础，气节是骨气的延伸和升华。

中华民族在自己数千年的社会实践中赋予了它丰富的内涵，使后继的社会在人格养成和时代风貌的塑造方面对其多有借鉴，特别是展现在气节人物事迹中的普世价值，在今天的社会生活中仍然不失其积极意义。

33

【解读】

孔子应楚国的聘请路经陈蔡，陈蔡的统治者担心孔子的贤能一旦为楚国所用就会危及自己国家，便派兵包围孔子，阻止他前行。这导致孔子粮食断绝，跟随他的人都生病了。但是孔子却不因处境艰难而放弃追求，而是更加慷慨地讲诵诗书。子路因处在困境而气恼，问孔子，善有善报，恶有恶报，为什么讲仁德的人却被困？孔子就开导他，历史上有才有德而不被接纳的人很多，怎么做在于自己，而回报与否则在于上天。而且，孔子用这段话，表明自己要像深林里的芝兰一样，不因为穷困而改变节操。芝兰固有的本质机能决定了它要散发芳香，即使在深谷幽林，本质不变而芳香亦然。孔子具有芝兰一样的精神，在困境中保持品行高洁，值得我们敬仰和学习。我们做人，要立志做品德高尚的人，要有坚定的信念和顽强的意志，不为不正当的物质利益所动，经得起艰难困苦的考验。

【原文】

芝兰①生于深林，不以②无人而不芳，君子修道立德，不谓③穷困④而改节。

——出自《孔子家语·在厄》

【注释】

①芝兰：兰花。

②以：因为。

③谓：通"为"，因为。

④穷困：处境艰难。

【译文】

兰花生长在幽深的树林之中，环境清幽，人迹罕至，但是它不因为没人观赏就缺少芳香。君子修养自身道德，不因为处境艰难就改变自己高尚的品节。

34

【解读】

《正气歌》为南宋名臣、民族英雄文天祥所作。宋末帝赵昺祥兴元年（1278年），文天祥在广东海丰兵败被俘。次年被押解至元大都（今北京）。文天祥在狱中三年，受尽各种威逼利诱，但始终坚贞不屈。1281年夏，在湿热、腐臭的牢房中，文天祥写下了与《过零丁洋》一样名垂千古的《正气歌》。

该诗慷慨激昂，充分表现了文天祥坚贞不屈的爱国情操。1283年1月9日，在拒绝了元世祖最后一次利诱之后，文天祥在刑场向南拜祭，从容就义。文天祥，大抵可算作文士的一座丰碑了。很多人对文天祥的印象便止于"人生自古谁无死，留取丹心照汗青"。站在零丁洋上，他无一丝一毫的惶恐，在生与死的关头，他坦然选择了与民族共存亡。文天祥面对死亡时的从容与慷慨令其名震九州，但更令人感动的是他被带回北地时的坚定与无畏。面对昔日同僚留梦炎、往日旧主赵㬎的劝降，文天祥留给他们的仅是一个冷背；面对胜利者的淫威，文天祥仍不失大国之相的雍容；面对无止境的囚禁生涯，唯有《正气歌》亘古不绝。

【原文】

时穷节乃见[1]，一一垂丹青[2]。

——出自宋·文天祥《正气歌》

【注释】

[1]时穷：在危难之际。节：气节。见：通"现"，显现。

[2]垂丹青：见于史册，传于后世。垂：留存，流传。丹青：图画，古代帝王常把有功之臣的肖像和事迹叫画工画出来。

【译文】

在国家危难之际，一个人的气节才能显现出来，有气节之士名垂史册。

【原文】

不以穷①变节，不以贱②易志。

——出自西汉·桓宽《盐铁论·地广》

【注释】

①穷：身处困境。

②贱：地位卑下。

【译文】

不要因身处困境而改变自己的节操，不要因地位卑下而变更志向。

【解读】

桓宽是西汉著名文士，他参加汉昭帝时著名的盐铁会议，记录会上的辩论，撰成《盐铁论》，因而闻名。桓宽这句话是说，任何人在身处逆境时都要坚守自己的气节、志向和理想。我们所熟知的清代小说家曹雪芹，晚年在北京西郊，住着"满径蓬蒿"的破旧屋子，连一天三顿饭都成问题，但他终于写下了流传后世的文学名著《红楼梦》。

36

【解读】

诗中颂竹兼怀人，颇能体现出诗人自己的品格与追求。竹子坚贞，有宁折不弯的精神，与松梅齐名，并称"岁寒三友"。细看竹子，无论生长得再高，其竹心总是虚空，这一"凌云虚怀"的特性，好似正人君子的虚心谦逊；竹子不择沃土，房前屋后，不论贫瘠皆可扎根成林，随遇而安，多么像君子一样淡泊名利、不媚不谄；竹子挺拔刚劲，四季茂然，凌霜傲雪，枝叶经冬不凋，又好像君子的外柔内刚，始终不渝。道德高尚的人犹如翠竹一样活在世间，在曲折恶劣的环境中，经受雨打雷击、霜侵雪压，吃尽了千辛万苦，依旧是坚忍不拔、不屈不挠。任凭四面八方的狂风吹击，心中却没有丝毫的惧怕。那才是视死如归的道德高尚之士的精神境界啊！

为人在世，应该在人生中保持那种豪壮的气节。正义之士不畏强权，敢为正义与良知而呐喊，不愧为一代人杰。他们的崇高行为足以名传千古，光照后人；千千万万的善良之人为了坚守自己的信仰，承受着前所未有的残酷迫害。在危难中他们仍然不忘救度世人，其高风亮节将在人们的心灵深处竖起一盏永恒不灭的明灯。

【原文】

竹死不变节，花落有余香。

——出自唐·邵谒《金谷园怀古》

【译文】

竹子即使死了，也不改变骨节，花儿即使飘落下来，也仍然保留浓郁的芳香。比喻忠义之士坚守节操，至死不渝。

拾 恕

恕，从「心」，从「如」，本义作「仁」解，见《说文解字》，乃推己心及人心之意，故从「心」。又以「如」本作「似」解，恕在以己量人，爱人如己，故从「如」声。含体谅、宽恕之意。我们常说推己及人，就是将心比心，能把他人当作自己来看待。因此，「恕」不仅是待人接物最好的方法，也是古圣先贤笃行的美德。

君不闻：「夫子之道，忠恕而已矣！」至圣孔夫子不仅自己力行之，也如是教诲自己的弟子。当子贡问曰：「有一言而可以终身行之者乎？」子曰：「其恕乎！己所不欲，勿施于人。」的确，人能时时刻刻为别人着想，心怀全体人类的福祉，这种仁慈博爱的精神，就是行恕道的至高表现！

37

【解读】

　　孔子所强调的是,人应该宽恕待人,应提倡"恕"道,唯有如此才是仁的表现。孔子所阐释的仁以"爱人"为中心,而爱人这种行为当然就包括着宽恕待人这一方面。

　　《论语》中提到:夫子之道,忠恕而已矣。这句话所揭示的是处理人际关系的重要原则。孔子所言是指人应当以对待自身的行为为参照物来对待他人。人应该有宽广的胸怀,待人处事之时切勿心胸狭窄,而应宽宏大量,宽恕待人。倘若自己所讨厌的事物,硬推给他人,不仅会破坏与他人的关系,也会将事情弄得僵持而不可收拾。人与人之间的交往确实应该坚持这种原则,这是尊重他人、平等待人的体现。人生在世除了关注自身的存在以外,还得关注他人的存在,人与人之间是平等的,切勿将己所不欲施于人。

【原文】

　　子贡问曰:"有一言而可以终身行①之者乎?"子曰:"其恕②乎! 己所不欲,勿施于人。"

　　　　——出自《论语·卫灵公》

【注释】

　　①行:奉行。

　　②恕:恕道,含体谅之意。

【译文】

　　子贡问孔子:"有什么话是可以终身奉行的吗?"孔子说:"那就应该是恕吧!自己不想要的,也不要强加给别人。"

38

【解读】

"万物皆备于我矣"作为一句名言,孟子之意,是说天地万物我都能够思考、认识,所以天地万物我都具备了。这样才会有下面的一句话,"反身而诚,乐莫大焉"。反躬自问,我所认识的一切都是诚实无欺的,所以非常快乐。这是一种认识的快乐、探求真理的快乐。但是,仅有认识,仅有自身的发现还不够,所以要"强恕而行",尽力按恕道办事,这样来实行仁道。所谓恕道,就是孔子反复强调的"己所不欲,勿施于人"。如果说,"反身而诚,乐莫大焉"是一种认识的快乐,局限于自身;那么,"强恕而行,求仁莫近焉"就是一种实践的快乐,涉及他人与社会了。

由此可见,"万物皆备于我矣"所引出的,是认识和实践两大领域的儒学追求:一是"诚",二是"恕",都是儒学的核心内容。单从"万物皆备于我矣"这句话给我们的感觉,则是一种充满主体意识、乐观向上的心态,的确有法国哲学家笛卡尔那著名的命题"我思故我在"的精神风貌,给人以认识世界、探索真理的勇气和信心。

【原文】

孟子曰:"万物皆备于我矣。反身①而诚,乐莫大焉。强②恕而行,求仁莫近焉。"
——出自《孟子·尽心篇》

【注释】

①反身:反省自身。

②强:尽力。

【译文】

孟子说:"万物我都具备了。反躬自问,诚实无欺,便是最大的快乐。尽力按恕道办事,便是最接近仁德的道路。"

39

【解读】

这段孔门师徒的对话把孔子的仁学思想归纳为"一以贯之"的"忠恕"之道，其意义深远。在孔子的思想体系里，"忠恕之道"是仁在现实社会生活中的实际运用。孔子在处理人与人、人与社会的关系时，阐发了他关于人与人、人与社会的和谐统一的思想，这就是所谓的"忠恕之道"。在孔子的观念中，以行仁为宗旨的"忠恕之道"其实就是他所说的"仁之方"，包括两个方面：一方面是指"己所不欲，勿施于人"；另一个方面是由立己而立人，由达己而达人。

"忠恕之道"是孔子所要追求的一种合理的社会存在，寄托了孔子对于社会发展的理想。人们若能够终身践行，就能够在人与人、人与社会之间构建起和谐的关系。

【原文】

子曰："参①乎！吾道一以贯②之。"曾子曰："唯③。"子出，门人问曰："何谓也？"曾子曰："夫子之道，忠恕而已矣。"

——出自《论语·里仁》

【注释】

①参：曾参，孔子的弟子。

②贯：贯穿，贯通。

③唯：是。

【译文】

孔子说："参啊！我的学说贯穿着一个基本思想。"曾子说："是。"孔子出去以后，其他弟子问曾子："老师的话是什么意思呢？"曾子说："老师的学说，忠恕两个字罢了。"

40

【解读】

古人云:"律己宜带秋风,处世须带春风",这是格言联璧中的一句话,它的意思是说,要求自己须严厉如秋风一般,与人相处要像春风般温暖和煦。律己宽人是中华民族传统美德之一,是一个人具有很高素养的标志。

批评别人时应想想自己做得是否够好,宽恕自己的时候也应想想对别人不能太苛刻,正所谓"将心比心"。一味地恕己责人,只会让自己不思进取,蛮横无理。常责己,就会发觉有很多事并不像自己想象的那样,于是加以修正;多恕人,退一步海阔天空,给别人,也给自己一个机会。其实只要多站在别人的角度上看看问题,多考虑考虑别人的想法,这样就不会太主观、偏颇,而且也可以免去诸多误会,己所不欲,勿施于人。如果能做到这样的话,可以算得上是真正的君子了。

【原文】

责①人之心责己,恕②己之心恕人。

——出自明代《增广贤文》

【注释】

①责:责备。

②恕:宽恕。

【译文】

用责备别人的态度责备自己,用宽恕自己的态度宽恕别人。

勇

「勇，气也。」（《说文解字》）勇是在某种信念驱动下，所体现出的一种无所畏惧的行为及精神。指果断、勇敢；孔子把「勇」作为施「仁」的条件之一。「勇」必须符合「仁、义、礼、智」，才能成其为勇。勇发乎仁，适乎礼，止乎义。孔子曾多次将勇和智提出来与仁相提并论，「仁者不忧，知者不惑，勇者不惧」（《论语·宪问》）「知、仁、勇三者，天下之达德也」（《中庸》）「好学近乎知，力行近乎仁，知耻近乎勇。知斯三者，则知所以修身」（《中庸》），由此可见，对勇的推崇之意。孔子推崇勇，正是因为勇是在仁爱信念的驱使下，所体现出的一种无所畏惧的行为及精神。勇本身所应具有的是仁爱这一道德思想，并符合仁爱的外在表现「礼」，再由人类社会活动和人际关系中应当遵循之最高原则的「义」来加以节制，这才是儒家所推崇的「勇」。

41

【原文】

知①、仁、勇三者,天下之达德②也。

——出自《中庸》

【注释】

①知:同"智"。

②达德:通行不变的品德。

【译文】

智、仁、勇是三种天下通行的品德。

【解读】

《中庸》告知人们调节君臣、父子、夫妻、兄弟以及朋友间关系的"五达道",而调节这些人际关系靠什么?靠人们内心的品德和智慧,因而就有了三达德。三达德,就是智、仁、勇。智、仁、勇是天下通行的品德,是用来调节上下(即君臣)、父子、夫妻、兄弟和朋友之间的关系的。智、仁、勇靠什么来培植呢?靠诚实、善良的品德意识来培植加固。

42

【解读】

儒家强调儒者之勇的三大标准：发乎仁，适乎礼，止乎义。

发乎仁。勇与仁的关系是，"仁者必有勇，勇者不必有仁"（《论语·宪问》），勇要以仁为基础，否则就会乱来了。例如，地痞流氓黑社会恐怖组织中，也有很多所谓"勇"者，他们以残害生灵为目的，是不仁不义反道德的。"好勇疾贫，乱也。人而不仁，疾之已甚，乱也。"（《论语·泰伯》）

适乎礼。"子路问成人。子曰：若臧武仲之知，公绰之不欲，卞庄子之勇，冉求之艺，文之以礼乐，亦可以为成人矣。"仅有卞庄子刺虎之勇还不够，还需用礼乐加以修饰，要接受礼的节制（礼是文物典章制度与社会道德规范的总称），用现代话语来说就是，勇，必须不违反法律和道德。不然，"勇而无礼则乱"（《论语·泰伯》）。

止乎义。子路曰："君子尚勇乎？"子曰："君子义以为上。君子有勇而无义为乱；小人有勇而无义为盗。"（《论语·阳货》）勇如果没有义的约束，对官吏对百姓都有害无益。

【原文】

勇，发乎仁，适乎礼，止乎义。

——出自《论语·宪问》

【译文】

勇，应具有仁爱这一道德思想，并符合礼规范，再由义加以节制。

43

【解读】

　　子路好勇,故孔子以此教育之。

　　君子的勇敢是有前提的,这个前提只有一个字,就是"义"。君子只有"义"字当先的勇敢,他才是一种仁义之勇,如果没有这个"义"的话,他会以勇犯乱,以身试法。

　　孔子的话给我们的启示是:勇敢固然重要,但合乎正义的勇敢才是可取的。

【原文】

　　子路曰:"君子尚①勇乎?"子曰:"君子义②以为上。君子有勇而无义为乱,小人有勇而无义为盗。"

　　　　　　　　——出自《论语·阳货》

【注释】

　　①尚:崇尚。
　　②义:道义。

【译文】

　　子路问:"君子崇尚勇敢吗?"孔子说:"君子最崇尚的是道义,君子只知道勇敢不讲道义就会作乱,小人只知道勇敢不讲道义就会成为盗贼。"

44

【解读】

　　荀子认为"勇"可以分为："狗彘之勇"、"贾盗之勇"、"小人之勇"和"士君子之勇"。"争饮食，无廉耻，不知是非，不辟死伤，不畏众强，悻悻然惟利饮食之见，是狗彘之勇也。为事利，争货财，无辞让，果敢而振，猛贪而戾，悻悻然惟利之见，是贾盗之勇也。轻死而暴，是小人之勇也。"这三种勇都是从自己的利害关系出发，并因此危及他人。"士君子之勇"则不然，士君子是儒家的理想人格，具有较强的道德观，在《论语·为政》篇中有千古名句"见义不为，无勇也"，士君子的勇原本就不是为了己身、私利，而是为了正义，为了公利，这才是儒家所推崇的"勇"！

【原文】

　　义之所在，不倾①于权，不顾其利，举②国而与之不为改视，重死持义而不桡③，是士君子之勇也。

　　　　　　　　——出自《荀子·荣辱》

【注释】

　　①倾：屈服。

　　②举：全。

　　③桡：ráo，屈服。

【译文】

　　有道义的地方，就不屈服于权势，不顾自己的利益，把整个国家都给他，他也不改变初衷，虽然看重生命，但坚持正义不屈服，这才是士君子的勇敢。

拾贰

儒家论学，把学问看作修身入世、完善理想人格（君子）的途径。

『学习』即学习道德知识，这是儒家首先强调的。孔子说：『学而时习之，不亦说乎？』（《论语·学而》）认为道德信念的形成、道德品质的养成，必须重视道德知识的学习。同时还指出不好学者有『六蔽』：『好仁不好学，其蔽也愚；好知不好学，其蔽也荡；好信不好学，其蔽也贼；好直不好学，其蔽也绞；好勇不好学，其蔽也乱；好刚不好学，其蔽也狂。』（《论语·阳货》）孔子本人就是『好古敏以求之者也』。（《论语·述而》）荀子强调学习道德知识是达到最高道德境界的基础，认为『故学至乎礼而止矣，夫是之谓道德之极』。（《荀子·劝学》）在重视学习道德知识的同时，儒家还重视道德思维的训练，注重学与思的结合，强调『学而不思则罔，思而不学则殆』。（《论语·为政》）

45

【解读】

玉石是天然生成的,但要成为有用的东西,还得要经过打磨加工。用这个道理来说明学习的重要性,要比西方哲学家洛克的"白纸说"更切合实际一些。洛克认为,人的心灵天生像一张白纸,后来通过经验积累和学习,便在白纸上画出了各种图画。

玉石同白纸显然不一样。白纸什么都没有,而玉石则包含了潜在的有用成分和价值。白纸上的痕迹是外力机械地加上去的,琢磨玉石则是让它的潜能充分发挥出来。

儒家学者一方面承认人所拥有的天赋和才能,不像白纸一无所有,另一方面则强调开掘和发展天赋、才能,必须通过学习的过程,使他们得到充分的展现。确定了这个大前提,剩下的问题便是开掘的具体方法和技巧,是具体的操作方式问题。

【原文】

玉不琢,不成器。人不学,不知义。

——出自《三字经》

【译文】

玉不打磨加工,不会成为精美的器物。人不去学习,就不懂得道义。

46

【原文】

　　子曰:"学而不思则罔①,思而不学则殆②。"

　　　　　　　　　　——出自《论语·为政》

【注释】

　　①罔:迷惑,糊涂。

　　②殆:疑惑,危险。

【译文】

　　孔子说:"学习但不去思考,就会罔然没有收获,只思考但不学习,就会心中充满疑惑。"

【解读】

　　我们可以把这句话视为孔子所提倡的一种读书方法。一味读书而不思考,就会被书本牵着鼻子走,失去主见,所谓尽信书不如无书,即指此意。而如果一味思考而不去进行实实在在的学习和钻研,则终究是一无所得。只有把学习和思考结合起来,才能学到切实有用的真知。孔子在《论语·卫灵公》中还说过:"吾尝终日不食,终夜不寝,以思,无益,不如学也。"子夏曰:"博学而笃志,切问而近思,仁在其中矣。"这些都是强调学习与思考相结合的重要性。西方的哲人康德也说:"感性无知性则盲,知性无感性则空。"这与孔子的"学而不思则罔,思而不学则殆"可以说是惊人的一致。可见,人类在知识的学习和获取上,不论地域、种族如何差异,其根本性原则往往是一致的。

47

【原文】

　　三①人行，必有我师焉。择其善者而从之，其不善者而改之。

　　　　　　　　——出自《论语·述而》

【注释】

　　①三：虚数，极言多。此句中泛指多人。

【译文】

　　几个人同行，其中必定有可以当"我"老师的人。我选择他好的方面向他学习，他不好的方面就对照改正自己的缺点。

【解读】

　　孔子的"三人行，必有我师焉"这句话，受到后代知识分子的极力赞赏。他虚心向别人学习的精神十分可贵，但更可贵的是，他不仅要以善者为师，而且以不善者为师，这其中包含有深刻的哲理。他的这段话，对于指导人们修身养性、增长知识，都是有益的。同时也体现了与人相处的一个重要原则。随时注意学习他人的长处，随时以他人缺点引以为戒，自然就会多看他人的长处，与人为善，待人宽而责己严。这不仅是提高自己修养的最好途径，也是促进人际关系和谐的重要条件。

48

【解读】

　　这句话说的是为学的几个层次，或者说是几个递进的阶段。"博学之"意谓为学首先要广泛地猎取，培养强烈的好奇心。"博"还意味着博大和宽容。唯有博大和宽容，才能兼容并包，使为学具有世界眼光和开放胸襟，真正做到"海纳百川、有容乃大"，进而"泛爱众，而亲仁"。因此博学乃能成为为学的第一阶段。越过这一阶段，为学就是无根之木、无源之水。"审问"为第二阶段，有所不明就要追问到底，要对所学加以怀疑。问过以后还要通过自己的思想活动来仔细考察、分析，否则所学不能为自己所用，是为"慎思"。"明辨"为第四阶段。学是越辨越明的，不辨，则所谓"博学"就会鱼龙混杂，真伪难辨，良莠不分。"笃行"是为学的最后阶段，就是既然学有所得，就要努力践履所学，使所学最终有所落实，做到"知行合一"。"笃"有忠贞不渝、踏踏实实、一心一意、坚持不懈之意。只有有明确的目标、坚定的意志的人，才能真正做到"笃行"。

【原文】

　　博学之，审问之，慎思之，明辨之，笃①行之。

　　　　　　　　——出自《中庸》

【注释】

　　①笃：踏实。

【译文】

　　广泛地学习，审慎地询问，慎重地思考，明确地辨析，踏踏实实地实践。

拾叁

德

德

『德』指内心的情感或者信念，用于人伦，则指人的本性、品德。

儒家认为，『德』包括忠、孝、仁、义、温良、恭敬、谦让等。

在作为西周文化的重要内涵的『礼乐文明』中，『德』是核心。

孔子当年之所以念念不忘『克己复礼』，就是因为以德为核心的西周之礼是儒家思想最为推崇的道德标准，而『厚德载物』仍然是中国传统文化中的优秀精神遗产。

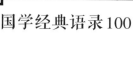

49

【原文】

仲尼①曰:"德者,成和之修②也。德不形者,物不能离也。"

——出自《庄子·德充符》

【注释】

①仲尼:孔子名丘,字仲尼。

②修:修养。

【译文】

仲尼说:"德,乃是最纯美的修养。德不着形迹,万物自然亲附而不肯离去。"

【解读】

"德"是涵盖了诚信、仁义等一切美好品行的道德范畴。"德"的价值原则,被孔子发展为"道之以德,齐之以礼,有耻且格"的王道原则;被孟子发展为"民为贵,社稷次之,君为轻"的民本原则。"德"成为中国伦理的核心概念,成为中华民族文化的核心概念。

【原文】

善①者吾善②之,不善者吾亦善之,德③善。信者吾信之,不信者吾亦信之,德信。

——出自《老子·四十九章》

【注释】

①善:善良的人。

②善:善待。

③德:得到。

【译文】

善良的,我看作善良,不善良的,我也看作善良,就得到人的向善。可信任的,我相信他,不可信任的,我也相信他,就能得到人的守信。

【解读】

"德",是一个人或社会好的内在的品格和价值观。在作为西周文化的重要内涵的"礼乐文明"中,"德"是核心。"德"归纳为"勤朴古健、果义敢为、居安思危、善始善终"。这是对德的最好总结。

51

【解读】

《大学》提出了"三纲领""八条目",强调修己是治人的前提,修己的目的是为了齐家、治国平天下,说明治国平天下和个人道德修养的内在联系。

"八条目"的中心环节是修身,格物、致知是修身的外部途径,正心、诚意是修身的内在前提,齐家、治国、平天下是修身的更高一个层次的自我实现,所以《大学》第一篇在末尾又写道:"自天子以至于庶人,一是皆以修身为本。"

总体上来说,"三纲八条目"学说体现了中国古代思想家中儒家学派的对人的教育的根本思想,其充分肯定了人的社会属性,强调人在社会中的作用和对人的教育,总结出了一个人的修养(也就是今天我们所说的综合素质)是成就事业大小的衡量标准,并且对一个人要成就如何的事业,走什么样的方向提供崇高的指导。正是这种思想造就了中国后世知识分子"达则兼济天下,穷则独善其身"的处世哲学。

【原文】

古之欲明明德①于天下者,先治②其国。欲治其国者,先齐其家。

——出自《礼记·大学》

【注释】

①明明德:发扬、弘扬光明正大的德性。

②治:治理。

【译文】

古代那些要使美德彰明于天下的人,要先治理好他的国家;要治理好国家的人,要先安顿好自己的家。

52

【原文】

不知则问，不能则学，虽能必让，然后为德①。闻之不见，虽博必谬②；见之而不知，虽识不妄；知之而不行，虽敦必困。

——出自《荀子·非十二子》

【注释】

①德：道德或品行。

②谬：错误。

【译文】

不知道就问，不会就去学，会的要有所谦让，这样就成就一个人的品德。听说过但没有亲眼看到，虽然听得很多，必定会有许多是错误的；见到了而不能理解，虽然记住了，必定会有许多是虚妄的；知道了而不去施行，虽然知识丰富，也必定会遇到困扰。

【解读】

在古人看来，耳闻、目见、心知、力行是认识事物的四个途径，其中，"力行"（实践）是最重要的。通过"力行"，一方面可以检验由前三种途径所获得的知识，另一方面可以促进对所学知识的理解与把握。

拾肆

樂

儒家学说作为一种情感哲学，很重视人的情感体验。情感体验既有美学问题，又有哲学或宗教问题，但儒家并没有形成像西方那样的美学，只能说是一种美学或诗学式的哲学。它把伦理和审美合而为一，从道德情感中体验美的境界，这就是所谓『乐』。有人把儒家文化归结为乐感文化，大概就是指此而言。以乐为最高境界的情感体验，确是儒家思想的重要特征，但乐必须和仁、诚结合起来，也就是将真善美结合起来，统一起来，这才是儒家思想的根本特点。

儒家的『乐』，其广泛意义可以理解为今日所言之『幸福』。在《尚书·洪范》篇所列《洪范九畴》中有『次九曰向（享）用五福，威用六极』，『五福：一曰寿，二曰富，三曰康宁，四曰攸好德，五曰考终命』，『六极：一曰凶短折，二曰疾，三曰忧，四曰贫，五曰恶，六曰弱』。这里的『五福』就是五种幸福：长寿、富足、安宁、遵行美德、老而善终，此『五福』说体现了中国文化的义利统一或『德福一致』的幸福观。而『六极』就是六种不幸：短命夭折、疾病、忧思、贫困、恶行、愚懦赢弱，此『六极』显然是相对于『五福』而言，如果说『福』是『好』，那么『极』就是『坏』。广泛而言之，『五福』就是儒家对人生、社会所『福』者，而『六极』就是儒家对人生、社会所『忧』者。

53

【原文】

子曰："知之者，不如好①之者；好之者，不如乐②之者。"

——出自《论语·雍也第六》

【注释】

①好：爱好，喜爱。

②乐：以……为乐。

【译文】

孔子说："对于学习，知道怎么学习的人，不如爱好学习的人；爱好学习的人，又不如以学习为乐趣的人。"

【解读】

孔子这句话为我们揭示了一个怎样才能取得好的学习效果的秘密，那就是对学习的热爱。不同的人在同样的学习环境下学习效果不一样，自身的素质固然是一个方面，更加重要的还在于学习者对学习内容的态度或感觉。正所谓"兴趣是最好的老师"，当你对一门科目产生了兴趣之后，自然会学得比别人好。

《论语》中的"知之者不如好之者，好之者不如乐之者"句，主要讲学习的三个层次，以知之者突出好之者，再紧承好之者突出乐之者。这就如同数学中的逻辑推导，层层推进，使说理更加透彻，令人信服。

54

【解读】

　　生于忧患而死于安乐是出自《孟子》的一句名言。这是说一个人要成就大事，一定要经历许多艰难困苦的磨炼，只有经历艰难困苦，经风雨，见世面，才能锻炼意志，增长才干，担当大任。安逸享乐，在温室里成长，则不能养成克服困难、摆脱逆境的能力，会在困难面前束手无策，遇挫折、逆境则消沉绝望，往往导致灭亡。所以他得出结论：生于忧患而死于安乐。

　　宋儒张载在其名篇《西铭》中也说："富贵福泽，将厚吾之生也；贫贱忧戚，庸玉汝于成也。"富贵福泽可以使我们生活更好，这是人所共知的常识，也是人们追求的愿望。贫贱忧戚，则是人们所不愿接受的。但张载却说贫贱忧戚，"庸玉汝于成也"，是帮助你取得成功的机会。人们都希望一帆风顺，万事如意，孟子却说"生于忧患而死于安乐"；人们不愿贫贱忧戚，张载却说这是"玉汝于成"，帮助你成功。二者思想是一致的，包含着深刻哲理，体现了中国人的人生智慧。它告诉我们一个真理：人生不是康庄大道，总是会遇到种种艰难曲折，要在不断经历失败和挫折，不断克服困难的奋斗中前进。正是这样的人生智慧，指引人们把困难和逆境看作激励自己奋进的动力，自觉地在困难和逆境中磨炼自己，不屈不挠地去争取胜利，养成了中华民族不畏艰险、自强不息的精神。一部中国历史，处处渗透着这种精神。司马迁在蒙受宫刑的奇耻大辱的情况下，发奋著述，完成了不朽巨著《史记》。他在致友人任安的信《报任安书》中，曾列举了许多先贤在逆境中奋起的事例，如周文王被拘禁，推演了《周易》；孔子受困厄，作了《春秋》；屈原遭放逐，写了《离骚》；左丘明双目失明，著了《国语》；孙子受了膑脚之刑，修了《兵法》；等等。他说，所有这一切，都是先贤在困厄中发奋做出的业绩。司马迁正是以此激励自己，继承这种精神，完成了撰写《史记》的伟业。

【原文】

　　入则无法家拂士[1]，出则无敌国外患者[2]，国恒亡。然后知生于忧患[3]，而死于安乐也。

　　　　　　——出自《孟子·告子下》

【注释】

　　[1]入则无法家拂士：国内没有坚守法度的大臣和足以辅佐君王的贤士。入：里面，此指在国内。法家，守法度的大臣。拂(bì)：通"弼"，辅佐。

　　[2]出则无敌国外患者：国外没有与之匹敌的国家和外来国家的忧患。出：在外面，指国外。敌国，势力、地位相等的国家。

　　[3]然后知生于忧患，而死于安乐也：这样之后才知道因有忧患而得以生存，因沉迷安乐而衰亡。生于忧患：忧患使人谋求生存。死于安乐：安逸享乐使人死亡。

【译文】

　　国内没有坚守法度的大臣和足以辅佐君王的贤士，国外没有与之匹敌的国家和外来国家的忧患，这样的国家没有不灭亡的。这样之后才知道因有忧患而得以生存，因沉迷安乐而衰亡。

55

【原文】

子曰:"学而时①习之,不亦说②乎?有朋自远方来,不亦乐乎?"

——出自《论语·学而》

【注释】

①时:经常。

②说:通"悦"。

【译文】

孔子说:"学了又时常温习和练习,不是很愉快吗？有志同道合的人从远方来,不是很令人高兴的吗?"

【解读】

宋代著名学者朱熹对此章评价极高,说它是"入道之门,积德之基"。本章提出以学习为乐事,做到人不知而不愠,反映出孔子学而不厌、诲人不倦、注重修养、严格要求自己的主张。这些思想主张在《论语》中多处可见,有助于对第一章内容的深入了解。

56

【解读】

"先天下之忧而忧,后天下之乐而乐",它的本义就是"在天下人忧愁之前忧愁,在天下人快乐之后才快乐"。体现了作者忧国忧民的情怀。

自古及今,确实有不少人在"先天下之忧而忧,后天下之乐而乐"的思想启迪下,英勇地奋斗着。宋代名将岳飞为了收复失地,驰骋沙场,他不畏奸臣谗言,不顾国君昏庸,在被召回朝廷遇害之前,还念念不忘"直捣黄龙,救回'二圣',收复大好河山"。此"忧"可谓"先",其"乐"却在"后"。正因为如此,他才名垂千古,为后世称颂。历史上这样的人太多了,孙中山、李大钊、毛泽东……他们的英名都将永远刻在中华民族的史册上,流芳千古,为后人称颂。

【原文】

先天下之忧①而忧,后天下之乐②而乐。
——出自宋·范仲淹《岳阳楼记》

【注释】

①忧:忧愁。
②乐:快乐。

【译文】

在天下人忧愁之前先忧愁,在天下人快乐之后才快乐。就是把国家、民族的利益摆在首位,为祖国的前途、命运担忧分愁,为天底下的人民幸福出汗、流血。

拾伍

正

『正』者，不偏斜。古代词语『正月』即『基准月』、『一月』。『七正』即日月五星

们都是标准时间指示者，是天然的标准报时器。

正心修身是儒家的重要课题。《大学》：『物格而后知至』，『知至而后意诚』，『意

诚而后心正』，『心正而后身修』，格物、致知、诚意、正心都属于『修心』的范畴。格

物、致知是『内圣』的第一阶，即『明本性』；诚意正心是『内圣』的第二阶，即『坚道

心』；修身是『内圣』的第三阶，即『行圣道』。其中格物、致知是内圣的基础阶段，即

『破心中贼』的阶段；修身是『内圣』的发挥阶段，也就是将『破心中贼』的成果发挥

于外在行动的阶段。

诚意、正心则是连接『基础阶段』与『发挥阶段』的重要保障。

【原文】

欲修其身者,先正①其心。欲正其心者,先诚②其意。欲诚其意者,先致其知。致知③在格物④。

——出自《礼记·大学》

【注释】

①正:端正。

②诚:使之诚,使动用法。

③致知:获得知识。

④格物:研究事物的原理。

【译文】

要想修养自身的品性,先要端正自己的心思;要想端正自己的心思,先要使自己的意念真诚;要想使自己的意念真诚,先要使自己获得知识。获得知识的途径在于认识研究万事万物。

【解读】

对于一个普通人,且不论治国、平天下,然而修身、齐家却是实实在在的。格物、致知、诚意、正心、修身,这是一个人内在德智修养不断发展、完善的过程。心不正则行为必然褊狭。心正,然文质彬彬、身心完美,才能自觉律己。

保持心正必须坚持学习。求木之长者,必固其根本。学习乃是固本强基之举,不仅可以增长知识、增长才干,更重要的是可以增强鉴别力,提高免疫力。通过学习、感悟,可以体认存在于万事万物之中的智慧;通过学习、研究,可以获得存在于万事万物之中的知识。感悟研究万事万物,可以明辨事物,只有明辨事物才能得到正确的认识,提升智慧,然后效法万事万物的自然存在而使心意真诚,心意真诚则思想端正,德智修养也就日渐形成、发展和完善了。

58

【原文】

物格而后知至;知至而后意诚;意诚而后心正;心正而后身修①;身修而后家齐;家齐而后国治;国治而后天下平。

——出自《礼记·大学》

【注释】

①身修:修养品性。

【译文】

通过对万事万物的认识、研究后才能获得知识;获得知识后意念才能真诚;意念真诚后心思才能端正;心思端正后才能修养品性;品性修养后才能管理好家庭和家族;管理好家庭和家族后才能治理好国家;治理好国家后天下才能太平。

【解读】

"格物、致知、诚意、正心"是"内修";三纲"齐家、治国、平天下"是"外治"。而其中间的"修身"一环,则是联结"内修"和"外治"两方面的枢纽,它与前面的"内修"项目连在一起,是"独善其身";它与后面的"外治"项目连在一起,是"兼善天下"。两千多年来,一代又一代中国知识分子"穷则独善其身,达则兼善天下"(《孟子·尽心下》),把生命的历程铺设在这一阶梯之上。它铸造了一代又一代中国知识分子的人格心理,时至今日,仍然在我们身上发挥着潜移默化的作用。

59

【原文】

其身正①,不令而行;其身不正,虽令不从。

——出自《论语·子路》

【注释】

①正:端正。

【译文】

领导自身端正,做出表率时,不用下命令,下属也会跟着行动起来;如果领导自身不端正,下属是不会服从的。

【解读】

这是孔子关于君臣关系和上下级关系的至理名言。我国古语里有"上行下效"、"上梁不正下梁歪"等说法,都是说只要上面做得正、行得正,以身作则,下面政治风气、社会风气就自然良好。东汉光武帝时,阴皇后"在位恭俭,少嗜玩",影响到下一朝,她的儿媳马皇后也常在宫中穿粗布袍服,不加花边,不讲排场。她们认为,作为一国之后,就应"以身率下"。结果东汉初年整个宫廷生活简朴,没有出现腐败奢侈现象。唐太宗在位时,也有"若安百姓,必须先正其身"的思想,所以上下一心,出现了"贞观之治"的太平景象。

【原文】

子曰："君子食无求饱,居无求安^①,敏于事而慎于言,就有道而正焉,可谓好学也已。"

——出自《论语·学而》

【注释】

①安:舒适。

【译文】

孔子说:君子饮食不求饱足,居处不求舒适,勤勉做事而说话谨慎,到有贤德的人那里去匡正自己,可以说是好学的了。"

【解读】

孔子在这里谈论的是为学所该有的精神与态度。"食无求饱,居无求安"虽看似安于贫穷的行为,但其原因并非安贫,而是乐道。而其所乐的是何道呢?这所乐之道有二:一是因为其志在学习及其所带来的乐趣,所以无暇顾及追求物质上的安饱,亦即《论语·学而》篇首章的"学而时习之,不亦说乎"之意;二是因为不取不合义的利,故乐自义来。除此之外,"食无求饱,居无求安"亦还有一层较为消极的意义即是:注重追求物质上的安饱,便容易因陷于物欲而失其应有的向学之志。

拾陆

和

今之众多学者认为，『和』是中华传统文化思想的核心内容，『和』的观念产生很早，其含义逐步深化，由音乐之和，到人际关系之和，到国家政事之和。第一个对『和』进行理论提升，使之成为事物之本和天地法则的人，是西周的史伯。史伯是中国思想史、哲学史上具有里程碑意义的大家。在先秦时代，『和』与『同』是两个重要的哲学概念。从哲学意义上讲，『和』是和谐，是统一，『同』是相同，是一致；『和』是抽象的、内在的；『同』是具体的、外在的。『和』是不同事物的相承相继，是多样性的统一，它承认矛盾，是矛盾发展的协调统一；『同』是相同事物的简单叠加，它回避矛盾，掩盖事物之间的差异。因此『和』是指一种有差别的、多样性的统一，有别于『同』。『和』是儒家特别倡导的伦理、政治和社会原则。

61

【解读】

　　"和"能生成万物，"同"则不能增益，而只能止步不前。用一物匀适地融入另一物叫作"和"，因此而能丰富、发展，并使万物不脱离"和"的统一。如果用相同的东西补充相同的东西，那么这种东西完了就什么都没有了。不同的东西彼此和谐才能生世间万物，所有东西都一致的话，世界也就不再发展了。

　　从人的认识和实践来说，一方面要尊重客观世界自然的"和"，不能从根本上加以人为的破坏，一方面要创造各种各样、方方面面的"和"。最简单的事例，土加土，还是土，水加水，还是水，只有量的增加，没有质的变化；土加水，则成泥，便可垒墙筑屋，再加火烧，则成各种陶器及砖瓦，便可方便生活、美化生活。

　　总之，事物的本质和根本法则就是"和"，即二元乃至多元的对立统一。事物的不断生成，不断丰富，不断发展，也就是"和"的不断展现、矛盾对立统一规律的不断展现。这既是客观世界的自在过程，又是人的主观世界的能动过程。人要认识"和"的本质，运用"和"的法则。

【原文】

　　夫和①实②生③物④，同则不继。以他平他谓之和，故能丰长而物归之；若以同裨⑤同，尽乃弃矣。故先王以土与金、木、水、火等，以成百物。

　　　　　　——出自《国语·郑语》

【注释】

　　①和：多样事物的统一，统一包括互补、协调、共处等层次。

　　②实：实际上（根本上）。

　　③生：生生不已。

　　④物：万事万物。

　　⑤裨：bì，"益也"。

【译文】

　　和谐才是创造事物的原则，同一是不能连续不断永远存在的。把许多不同的东西结合在一起而使它们得到平衡，这叫作和谐，所以能够使物质丰盛而成长起来。如果以相同的东西加合在一起，便会被抛弃了。所以，过去的帝王用土和金、木、水、火相互结合造成万物。

【原文】

君子和而不同,小人同而不和。

——出自《论语·子路》

【译文】

君子讲求和谐而不随身附和,小人只求表面一致,而不讲求协调。

【解读】

"和而不同"是孔子思想体系中的重要组成部分。"君子和而不同,小人同而不和",君子可以与他周围的人保持和谐融洽的关系,但他对待任何事情都必须经过自己大脑的独立思考,从来不愿人云亦云,盲目附和;但小人则没有自己独立的见解,只求与别人完全一致,而不讲求原则,但他却与别人不能保持融洽友好的关系。这是在处事为人方面。其实,在所有的问题上,往往都能体现出"和而不同"和"同而不和"的区别。"和而不同"显示出孔子思想的深刻哲理和高度智慧。

费孝通老先生在其八十寿辰聚会上,曾经意味深长地讲了一句十六字箴言:"各美其美,美人之美,美美与共,天下大同。"这是对"君子和而不同"的极好的阐释。

63

【解读】

儒家认为，礼的推行和应用要以和谐为贵。但是，凡事都要讲和谐，或者为和谐而和谐，不受礼节的约束也是行不通的。这是说，既要遵守礼所规定的等级差别，相互之间又不要出现不和。孔子在本章提出的这个观点是有意义的。在奴隶社会，各等级之间的区分和对立是很严格的，其界限丝毫不容紊乱。上一等级的人，以自己的礼仪节文显示其威风；下一等级的人，则怀着畏惧的心情唯命是从。但到春秋时代，这种社会关系开始破裂，臣弑君、子弑父的现象已属常见。对此，有子提出"和为贵"说，其目的是为缓和不同等级之间的对立，使之不至于破裂，以安定当时的社会秩序。

但从理论上看待这个问题，我们又感到，孔子既强调礼的运用以和为贵，又指出不能为和而和，要以礼节制之，可见孔子提倡的和并不是无原则的调和，这是有其合理性的。

【原文】

有子曰："礼①之用，和②为贵。先王之道③，斯④为美。小大由之，有所不行。知和而和，不以礼节⑤之，亦不可行也。"

——出自《论语·学而》

【注释】

①礼：在春秋时代，"礼"泛指奴隶社会的典章制度和道德规范。孔子的"礼"，既指"周礼"，礼节、仪式，也指人们的道德规范。

②和：调和、和谐、协调。

③先王之道：指尧、舜、禹、汤、文、武、周公等古代帝王的治世之道。

④斯：这、此等意。这里指礼，也指和。

⑤节：节制，和前面的礼字是分开的。

【译文】

有子说："礼的应用，以和谐为贵。古代君主的治国方法，宝贵的地方就在这里。但不论大事小事只顾按和谐的办法去做，有的时候就行不通。(这是因为)为和谐而和谐，不以礼来节制和谐，也是不可行的。"

【原文】

喜怒哀乐之未发,谓之中;发而皆中节①,谓之和。中也者,天下之大本也;和也者,天下之达道也。致②中和,天地位焉,万物育焉。

——出自《礼记·中庸》

【注释】

①中节:恰到好处。"节",大约相当于恰当处。

②致:达到。

【译文】

心里有喜怒哀乐却不表现出来,被称作"中";表现出来却能够有所节制,被称作"和"。"中"是天下的根本,"和"是天下通行的大道理。这两点都做到了,天地平和,各守自己的位置,那万物才能生长发育。

【解读】

《中庸》说:"喜怒哀乐未发,谓之中,发而皆中节,谓之和。"可知"中"的本身并非喜怒哀乐,而是指对喜怒哀乐的持中状态,就是说对喜怒哀乐等情欲要有一个适中的度的控制,过度的喜不叫喜,过度的乐也不叫乐。朱熹注释说:"喜怒哀乐,情也;其未发,则性也。无所偏倚,故谓之中。"性即本性,本来的状态,也就是本身固有的质和量。对喜怒哀乐能按应有状态掌握,无所偏倚,这就叫"中",平时能持中,一旦表现出来,就能中节,这就叫"和"。因为效果的"和"决定于方法的"中",所以程颐解释中庸一词说:"不偏之谓中,不易之谓庸。"不易说的是不可更易,不是别的不可更改,而是"中"的原则不可更易。

「诚」是儒家为人之道的中心思想，我们立身处世，当以诚信为本。《礼记·中庸》就说：「诚者天之道也，诚之者人之道也。」认为「诚」是天的根本属性，努力求诚以达到合乎诚的境界则是为人之道。又说「诚者，物之终始，不诚无物。」认为一切事物的存在皆依赖于「诚」。亚圣孟子也说「是故诚者天之道也，思诚者人之道也」(《离娄》上)；又说「反身而诚，乐莫大焉」(《尽心》上)，认为反省自己以达到诚的境界，就是最大的快乐。荀子虽「不求知天」，但也把「诚」看作是进行道德修养的方法和境界。宋代理学家朱熹认为：「诚者，真实无妄之谓。」肯定「诚」是一种真实不欺的美德。要求人们修德做事，必须效法天道，做到真实可信。

65

【解读】

西汉时期,有一个著名将领叫李广,他精于骑马射箭,作战非常勇敢,被称为"飞将军"。有一次,他去冥山南麓打猎,忽然发现草丛中蹲伏着一只猛虎。李广急忙弯弓搭箭,全神贯注,用尽气力,一箭射去。李广箭法很好,他以为老虎一定中箭身亡,次日天亮派人前去查看,未料被射中的竟是一块形状很像老虎的大石头。不仅箭头深深射入石头当中,而且箭尾也几乎全部射入石头中去了。李广很惊讶,他不相信自己能有这么大的力气,于是想再试一试,就往后退了几步,张弓搭箭,用力向石头射去。可是,一连几箭都没有射进去,有的箭头破碎了,有的箭杆折断了,而大石头一点儿也没有受到损伤。

人们对这件事情感到很惊奇,疑惑不解,于是就去请教学者扬雄。扬雄回答说:"如果诚心实意,即使像金石那样坚硬的东西也会被感动的。""精诚所至,金石为开"这一成语也便由此流传下来。

【原文】

精诚①所至,金石为开。

——出自《后汉书·广陵思王荆传》

【注释】

①诚:诚心。

【译文】

人的诚心所到,能感动天地,使金石为之开裂。比喻只要专心诚意去做,什么疑难问题都能解决。形容对人真诚产生的感动力。

66

【解读】

古往今来，提到诚信就有很多名人名言和诚信故事。墨子说：言不信者，行不果。孟子说：诚者，天之道也；思诚者，人之道也。孔子说：民无信不立。鲁迅先生把诚信看得更高、更重：诚信为人之本。

在民间流传着这样一个故事，说的是有一个卖酒的老翁，在一条小街上卖了数十年的酒，由于货真价实，童叟无欺，大家都喜欢到他的酒店打酒，生意非常红火。后来这个老头娶了儿媳妇，儿媳便常到店中帮公公做买卖。一天，老翁出门办事，让儿媳照管店铺。还没到中午，一坛酒就快卖完了，儿媳一想，何不在酒中掺一些水，不是就可以多卖点钱了吗？于是，她趁人不注意，便往坛子里加了一些水，一坛加水的酒仍然不到晚上就卖完了，并且还多卖得一些钱。老翁回来后得知此事，气得直拍胸脯，口中说着"完了，完了，彻底完了"。儿媳不解，老翁告诉她，一个生意人最重要的是讲究诚信，我几十年没要过一分黑心钱，如今全败在你手里了。

美国作家德莱塞说：诚实是人生的命脉，是一切价值的根基。生活在社会这个大家庭中，我们先不说谁诚信不诚信，首先得问问自己：我诚信了吗？莎士比亚说：如果要别人诚信，首先自己要诚信。我们不能把诚信挂在嘴边，而是要把诚信落在实处。

【原文】

是故诚①者天之道也，思诚者人之道也。至诚而不动者，未之有也；不诚，未有能动者也。

——出自《孟子·离娄上》

【注释】

①诚：诚信。

【译文】

诚信是自然的规律，追求诚信是做人的规律。极端真诚而不能使别人感动，这是未曾有过的事；不真诚，是不能感动别人的。

67

【解读】

李世民以此诗送给萧禹，述说忠臣的定义，并对萧禹作了肯定。唐高祖李渊在位后期，他的儿子李建成和李世民为争夺帝位，展开了一场你死我活的宫廷斗争。在这场斗争中，萧禹坚定地站在李世民一边，最后帮助他夺得帝位。"疾风知劲草，板荡识诚臣"，是李世民对萧禹的高度赞美和肯定，其中也不无感激之情。这两句诗使用了比兴的手法。"疾风知劲草"是兴，为下文的立论张本。同时，这一句兴中有比，以普通的自然景物为喻，说明了一个深刻的道理：在风平日丽的日子里，"劲草"混同于一般的草；在和平安定的环境中，"诚臣"也容易混同于一般的人们，其特殊性没有显现出来，因而不易鉴别。只有经过猛烈大风和动乱时局的考验，才能看出什么样的草是坚韧的，什么样的人是忠诚的。正是由于唐太宗这么一位中国历史上伟大的人物在诗中引用了"疾风知劲草"，才使得这句话流传千古，成为至理名言。

【原文】

疾风知劲①草，板荡识诚②臣。勇夫安知义，智者必怀仁。

——出自唐太宗《赠萧禹》

【注释】

①劲：韧性。

②诚：忠心。

【译文】

在强烈的大风中，才可看得出小草的坚韧；在动荡不安的时局，才能辨别出臣子是不是对国家忠心；性情勇猛的人，又如何懂得道义；而有智慧的人，必定心中怀有仁爱。

【解读】

　　如果把人比作鱼，诚信就是水。鱼失去了水会死，人失去诚信，就无法在这个社会中立足。如果这个社会大家做事都言而无信，相互欺骗，不讲信用，那是多么危险、可怕。

　　诚信是立身之本，我们要从小做起，从小事做起。敬爱的宋庆龄，她从小就很讲信用。一次全家都出去玩，她也很想出去，但是因为她的好朋友说要来她家玩。她一个人留下来，等她的好朋友。虽然最后她的好朋友没有来，但宋庆龄没有生气和不开心。她说："虽然我的好朋友没有来，但我仍很快活。因为我信守了诺言。"后来，宋庆龄被人尊称为"国母"，受到人们敬重，这与她从小言而有信是分不开的。

【原文】

　　诚①者自成也，而道自道也。诚者物之终始，不诚无物。是故君子诚之为贵。

　　　　　　　　——出自《中庸》

【注释】

　　①诚：诚心。

【译文】

　　有诚心的人成就自我，而道路是自己找到的。诚心贯穿万物的始与终，没有诚心万物的存在就没有意义了。所以君子看重诚心。

拾捌

善

『善』，会意字，从言从羊。本义『吉祥』，做形容词用有『吉、美好、善良、慈善、应诺、慎重、高明、熟悉』等义项，做动词用有『擅长、修治、美慕、认为好、赞许、友好』等义项，做名词用有『好人』义，还做姓氏。还有『好好地、多、常、易』等义项。『善』具有深刻的伦理学、哲学和佛学内涵，中国传统伦理学有丰富的劝善内容，如《太上感应篇》等。

69

【原文】

　　勿①以恶小而为②之,勿以善小而不为。惟贤惟德,能服于人。

　　　　　　　　——出自《三国志·蜀书》

【注释】

　　①勿:不要。

　　②为:做。

【译文】

　　不要因为是很小的坏事就去做;不要因为是很小的好事就不去做。唯有贤德,才能得到人的信服。

【解读】

　　这是刘备去世前给其子刘禅的遗诏中的话,目的是劝勉他要进德修业,有所作为。好事要从小事做起,积小成大,也可成大事;坏事也要从小事开始防范,否则积少成多,也会坏了大事。所以,不要因为好事小而不做,更不能因为不好的事小而去做。小善积多了就成为利天下的大善,而小恶积多了则"足以乱国家"。

70

【解读】

　　"笃"就是诚笃,是一种深厚的诚实,厚而有力之谓笃。"笃信",就是信念很诚厚、很坚定。笃信好学是对所学的东西有一种坚定的信念。读儒家的书,就对儒家的精神有一种坚定的信念,这样的信念才能够使人进而好学,才会有一个坚实的基础。"善道",就是妥善地保存道。"守死善道",就是守道至死。

　　"危邦不入,乱邦不居","危邦"指政局不稳定的国家,这种国家不要去。而混乱的城邦不要去居住,进入危邦就说明这个人心术不正,进入乱邦想发国难财。

　　"天下有道则见,无道则隐。"如果天下是清明的,是政通人和的,就出来,尽一个人的才能为国家做事;如果天下是混乱无道的,就隐藏起来,守住先王之道,以待后之学者,把道传下来。这时虽然不能出来救苍生,只有在家里紧紧地守住学问,守住这个道,待到盛世明世的时候,再把道拿出来为天下之人所用。

　　这段话阐明信念、学问、操守与个人的出处去就,也就是一个人的人生选择的重大关系。

【原文】

　　子曰:"笃信好学,守死善①道。危邦不入,乱邦不居。天下有道则见②,无道则隐。"

　　　　　　——出自《论语·泰伯》

【注释】

　　①善:保全。

　　②见:通"现"。

【译文】

　　孔子说:"坚定地相信我们的道,努力学习它,誓死保全它。不进入危险的国家,不居住祸乱的国家。天下政治清明就出来实现抱负,天下政治黑暗就隐退。"

71

【解读】

　　孔子展示的是向善的两种处世态度:一种是独善其身;另一种是"达则兼善天下","见贤思齐焉,见不贤而内自省也",圣人们是教诲后人要向善、学好的,要向好人善行去学习,千万别去做坏人、办坏事。

　　古人在不同时期分别提出了美德的标准。譬如像尧舜时提出"父义、母慈、兄友、弟恭、子孝",譬如像孔子提出的"仁、义、礼、智、信";美德传承到如今被概括为十种:仁爱孝悌、谦和有礼、诚信知报、精忠爱国、克己奉公、修己慎独、见利思义、勤俭廉政、笃实宽厚、勇毅力行。从古到今都引导人们"见善如不及,见不善如探汤"。

　　有正义感的人们更应该"见善如不及",要见贤思齐,学好人、行善事,倡导好的社会风气。你可能说我们小人物不可能像一些成功人士那样去做"达则兼善天下"之事,然而我们总可管好自己,做到"独善其身"。若每个人每天做一件善事,久而久之,对自己实则是积小善为大德,对社会则是弘扬正义、尽自己对扭转社会风气的绵薄之力。

　　另外,我们每个人内心世界里,要建立一道"见不善如探汤"的堤坝,心里揣着"见善如不及,见不善如探汤"的理念,并始终坚守它,自己远离"小恶"也是积小善,是向善的具体一步,今日内心里远离一小恶,明儿再远离一小恶……这是在修身积德啊!我们不必老是抱怨社会风气如何差,而若是自己每天远离一次"小恶",行一次"小善",哪怕是在公交车上不与老人抢一次座,或是在路口等一个红灯,在公园草地上捡一个塑料袋,都是一种修养的体现,一种道德的衡量。孔子的"见善如不及,见不善如探汤",是我们每个人在具体行为中、日常生活里,扭转社会不良风气、弘扬正义的最好建言!

【原文】

　　子曰:"见善如不及,见不善如探汤。"

　　　　　　　——出自《论语·季氏篇》

【译文】

　　遇见善人善行,就努力追求,生怕来不及去学;看见恶人恶行,就立即避开,就像将手伸到沸腾的水里一样。

72

【解读】

孔子当年周游列国,志在实现他的政治抱负。孔子的学问,主要在于人道。人道以政为大,这一部阐明政道的书,称为《大学》。大学既不是初学入德之门,也不是古人所说的为学次第的进度表。孔子说明政为大,而大学的最终目的,也在治国、平天下,所以大学是儒家最为重大的人道学问。良好的修己,是德行。良好的安人,即为德政。发扬光大修己安人的道理,便是明明德。有了这样的基础,如果能够充分尊重民意,以公众的需求为导向,便能够适时采取正确的定位,执其两端,采取最为合理的立场。管理是明明德的历程,采取重视众人意见的导向,求得合理的决策。

【原文】

大学之道在明明德①,在亲民②,在止于至善。

——出自《礼记·大学》

【注释】

①明明德:前一个"明"作动词,发扬、弘扬。后一个"明"作形容词。"明德"也就是光明正大的品德。

②亲民:新民,使人弃旧图新、去恶从善。

【译文】

大学教人的道理,在于彰显人人本有、自身所具的光明德性,再推己及人,使人人都能去除污染而自新,而且精益求精,做到最完善的地步并且保持不变。

在中国伦理的诸多德目之中，『廉』是极受褒扬的道德修养，它作为中国传统文化的四维八德之一，是对士人，尤其是对官吏道德教育的一项重要内容，是入仕为官者的基本操守。『廉』作为为官者之品德（官德或政德）有清正、俭朴、明察等多重涵义。

从中国伦理的发展轨迹来考察，『廉』是春秋战国之际的产物。西周以前，中国伦理还没有具体的德目，当时所谓的「德」主要包含「敬天」「保民」两项内容。春秋战国时期，讲学著书风气大盛，各派学术思想飞跃发展，形成了历史上著名的『百家争鸣』的局面，各派思想家根据社会的需要提出了许多具体的德目进行道德教育。诸如孔子提出了『三达德』，管子提出了『四维』，墨子提出了『四行』，孟子提出了『四端』，中国伦理中个体道德的一些重要德目才正式问世。如『三达德』包含的智、仁、勇，『四端』包含的仁、义、礼、智。值得注意的是当时儒、道、法、墨等主要学派，在著述中均已开始论及『廉』德及相关的道德教育。儒家政治学说的核心是实行『仁政』，其中就包含了清正廉洁的内容。儒家以『礼义廉耻』为准则的政治文化，是以廉德为核心的廉政文化，是中国古典政治中廉政文化建设的发端。

【原文】

国有四维①，一维绝则倾，二维绝则危，三维绝则覆，四维绝则灭。倾可正也，危可安也，覆可起也，灭不可复错也。何谓四维？一曰礼，二曰义，三曰廉，四曰耻。礼不逾节，义不自进，廉不蔽恶，耻不从枉。

——出自《管子·牧民》

【注释】

①维：原指系物的大绳。四维，系在网四角上的绳索，借助四维，网的纲、目才能提得起来。这里指治国的纲纪准则。

【译文】

国有四维，缺了一维，国家就倾斜；缺了两维，国家就危险；缺了三维，国家就颠覆；缺了四维，国家就会灭亡。倾斜可以扶正，危险可以挽救，倾覆可以再起，灭亡了，那就不可收拾了。什么是四维呢？一是礼，二是义，三是廉，四是耻。有礼，人们就不会超越应守的规范；有义，就不会妄自求进；有廉，就不会掩饰过错；有耻，就不会趋从坏人。

【解读】

官吏的廉洁与否，是关系到政权存亡、国家兴衰的根本问题。历代有远见的统治者，都十分重视官吏的廉洁问题，把廉洁问题看作是关系到政权巩固、国家兴衰的根本问题。

春秋时期管子非常重视礼义伦理在治国安民中的作用，最早将"廉"作为立国纲纪。他在开篇《牧民》中开宗明义，提出了著名的"四维"说，把礼、义、廉、耻四种道德看作治国的四个纲，故名四维，其曰："礼义廉耻，国之四维，四维不张，国乃灭亡。"以礼、义、廉、耻为维系国家生存发展的根本道德，成为历代儒家的重要政治伦理思想。而四德之中，"廉"实际上处在核心地位。

74

【解读】

从西周开始,我国各个朝代都有一套考核官吏的政绩及其清廉的标准。从以上考核官吏政绩的六条标准来看,都离不开一个"廉"字,体现了"廉"是为官之本和考核之要的基本精神,这对今天我们考核任用干部不无启发借鉴意义。

中国古代的君王为了维护自己的统治,很注重官吏的清廉。专讲古代礼制和官制的儒家经典《周礼》对官吏之廉德有一个很全面的说明,即所谓"六计"(从六个方面去考核):"一曰廉善,二曰廉能,三曰廉敬,四曰廉正,五曰廉法,六曰廉辨。"就是说,考察官吏政府有六条原则,并以此来裁判其政绩好坏;六条中以廉洁为根本,只有做到廉洁,善、能、敬、正、法、辨才有意义。一个官员必须具备善良、能干、敬业、公正、守法、明辨是非等品格才算"廉"。

【原文】

以听官府之六计,弊群吏之治:一曰廉善,二曰廉能,三曰廉敬,四曰廉正,五曰廉法,六曰廉辨。

——出自《周礼·天官冢宰》

【译文】

用评判官府的六计来判断群吏的政绩:一是否廉洁并且善于办事,二是否廉洁并且推行政令,三是否廉洁并且谨慎勤劳,四是否廉洁并且公正,五是否廉洁并且守法,六是否廉洁并且明辨是非。

75

【原文】

君子之道也：贫则见廉，富则见义，生则见爱，死则见哀；四行者不可虚假，反之身者也。

——出自《墨子·修身》

【译文】

君子处事的原则是，贫穷时要表现他的廉洁，富足时要显示他的义气，生时被人爱戴，死时为人哀悼，这四个方面不可虚假，而且要反身自问是否有虚伪之处。

【解读】

墨子不是官，可是，他却为为官者、执政者留下了许多廉政格言。一代伟人毛泽东给予墨子很高的评价。毛泽东说："墨子是一个劳动者，他不做官，但他是比孔子高明的圣人。"墨子"高明"的地方很多，他通读上古圣贤之书，推崇大禹身体力行的精神，宁愿自苦，也要为天下人造福。他非常重视廉洁，说："君子之道也，贫则见廉，富则见义，生则见爱，死则见哀，四行者不可虚假，反之身者也。"他把廉洁放到第一位，认为廉洁是一个君子首先要恪守的品质。他说"俭节则昌，淫佚则亡"，为官者必须勤俭节约，严于律己，这样才能兴国富民，否则，如果铺张浪费，一味享乐，就会走向败亡。为官者要完善自我，"兴天下之利，除天下之害"，处处为百姓着想，清正廉洁，才能做一个好官。

76

【原文】

居官有二语,曰:惟公①则生明,惟廉②则生威。

——出自明朝·洪应明《菜根谭》

【注释】

①公:公平,公正。

②廉:廉洁,清廉。

【译文】

为官有两句名言:公正才能明察秋毫,廉洁才能使人敬畏。

【解读】

"廉"字的本义是指堂的边沿,古人居室多在堂上,《汉书·贾谊传》说"廉远地则堂高"正是廉的本义。廉狭窄、挺直而有棱角,古人每每用以借指秉公无私、临财不苟取之德行。当好官就要公正、清廉,"公生廉,廉生威"。官员在工作中只要不含私心,做事清廉,就能够在群众中树立起威信。

《菜根谭》是以处世思想为主的格言式小品文集,采用语录体,糅合了儒家的中庸思想、道家的无为思想和释家的出世思想的人生处世哲学的表白。作者以"菜根"为本书命名,正所谓"咬得菜根,百事可做",意谓"人的才智和修养只有经过艰苦磨炼才能获得"。

贰拾　恭

「恭」是儒家的伦理学范畴。孔子将「恭」作为仁的重要表现之一。孟子发扬了孔子的思想，认为「恭」是人生而具有的优秀品质，提出「恭敬之心，人皆有之」，「恭敬之心，礼也」（《孟子·告子上》）。

现代人所使用的「恭」，是「恭敬」的意思。可是，在儒家学说中「恭」和「敬」不同义，「恭」是对人而言，「敬」是用事而言。所以，孔子所说的「恭」便不能今译为「恭敬」。在古代，恭，是指庄重肃穆的处世态度。《说文解字》：「恭，肃也。」段玉裁举证：《尚书》曰：「恭作肃。」（《说文解字》）因为有一个「作」字，应当说「恭」的心态外现为「肃」的形象或「肃」可以是「恭」的外在形象义。

77

【原文】

樊迟问仁。子曰："居处恭,执事敬,与人忠。虽之①夷狄②,不可弃也。"

——出自《论语·子路》

【注释】

①之:去,往,到……(地方)去。

②夷狄:yí dí,古称东方部族为夷,北方部族为狄。常用以泛称除华夏族以外的边远少数民族地区。

【译文】

樊迟问什么是仁。孔子说："平常在家生活起居要端庄有礼,做事严肃认真,待人忠心诚意。即使到了夷狄这样的落后地方,也不可丢弃。"

【解读】

这里孔子对"仁"的解释,是以"恭"、"敬"、"忠"三个德目为基本内涵。在家恭敬有礼,就是要符合孝悌的道德要求;办事严肃谨慎,就是要符合"礼"的要求;待人忠厚诚实显示出仁德的本色。

78

【解读】

　　"恭"是谦谦君子德性修为的重要标志之一。子贡曰："夫子温、良、恭、俭、让以得之。"古人"得""德"一义。凡与"恭"组成的词，无不与高尚的德行相关。诸如本文题中的"恭敬"，孟子有言："恭敬之心，礼也"，它与"恭谨"（恭敬谨慎）、"恭肃"（恭敬庄重）等等同属待人之礼。尤其是对待尊长，我们要常怀"恭顺"之心，故，《礼记·乐记》曰："庄敬恭顺，礼之制也。"凡做小辈者，都应以恭顺之礼来节制自己。

【原文】

　　恻隐之心，人皆有之；羞恶之心，人皆有之；恭敬之心，人皆有之；是非之心，人皆有之。

　　　　　　——出自《孟子·告子上》

【译文】

　　同情心，人人都有；羞耻心，人人都有；恭敬心，人人都有；是非心，人人都有。

79

【解读】

　　孟子认为,仁义礼智既是调整人际关系的道德规范,又是人内在的主体意识和操守根本。人只有自觉地坚持仁义礼智,才能保持良好的人际关系。并且孟子认为"仁,人之安宅也;义,人之正路也",强调仁义是人自身的内在品质。所以,孟子指出:"谦逊的人不会侮辱别人,节俭的人不会掠夺别人。"在孟子看来,人内心的善恶和其他表现会通过眼睛、言语和动作表现出来。孟子在这里引申发挥:内心存在谦逊、节俭的品德,在行动上就不会侮辱别人和掠夺别人,人内心的善恶总是通过行动表示出来的。谦恭俭朴必须表现在实事上,表面上装出笑脸,实际上却欺侮、强取,不能算真正的谦恭俭朴。

【原文】

　　孟子曰:"恭者不侮人,俭者不夺人。"

　　　　　　——出自《孟子·离娄上》

【译文】

　　孟子说:"对别人恭敬的人不会侮辱别人,自己节俭的人不会抢夺别人。"

80

【解读】

　　现在的独生子女们倒是都可以听听子夏的这一番话了。因为很可能他们当中有人会产生这种"司马牛之忧"。"四海之内皆兄弟也"这句话一下子就使人想到水浒梁山泊，想到桃园三结义，令人顿生豪侠之气。这种兄弟不是血缘纽带，而是义结关系。不是"相煎何太急"的曹丕曹植，而是"不能同日生，但愿同日死"的刘关张。据《说苑·杂言》记载，孔子也曾说过，行为合于仁义礼节，千里之外都是兄弟，否则，就是两对门住也不相往来。曾子说，君子立志行仁，先做后说，千里之外都是兄弟，否则，即使是你的亲兄弟也不亲啊! (《大戴礼记·曾子制言》)

【原文】

　　司马牛忧曰:"人皆有兄弟,我独亡①。"子夏回:"商闻之矣:死生有命,富贵在天。君子敬而无失②,与人恭而有礼,四海之内皆兄弟也。君子何患乎无兄弟也?"

　　　　　　——出自《论语·颜渊》

【注释】

　　①亡:通"无"。

　　②敬而无失:在《公冶长》一篇里,孔子曾经赞扬晏子"善与人交,久而敬之",这里的敬而无失就是久而敬之的意思。

【译文】

　　司马牛忧伤地说:"别人都有兄弟,唯独我没有。"子夏说:"我听说过:'死生有命,富贵在天。'君子对工作谨慎认真,不出差错;和人交往态度恭谨而合乎礼节。那么普天之下到处都是兄弟,君子何必担忧没有兄弟呢?"

廿壹

俭

俭，本义为生活上自我约束、不放纵，又引申为节省、节约。

勤俭节用是中国古代传统道德的重要内容。许多先贤都先后从不同角度提出过这个主张。春秋战国时期，思想领域虽学派林立，百家争鸣，但勤俭节用思想则是各学派共有的伦理主张。儒家奠基人孔子提出的『温、良、恭、俭、让』五大德目中，俭是重要的一目。道家始祖老子也曾指出为人处世须有『三宝』：『一曰慈，二曰俭，三曰不敢为天下先。』其中也把『俭』作为必不可少的一『宝』。墨子则把俭约和淫奢提升到关乎国家存亡的高度上去认识。他说：『俭节则昌，淫佚则亡。』

在各派思想家的宣传教育和倡导下，崇尚俭约、反对奢靡成了华夏民族流传几千年的优良传统，并伴随着历史的发展，进一步得到丰富，对中华民族繁荣起了重要的作用。

81

【解读】

　　《训俭示康》是司马光写给儿子司马康的一篇家训,训诫他要崇尚节俭。文中表明自己不与世人同流,独以俭素为美。文中列举了参政鲁公和张文节虽为官却能坚守节俭的例子,文章最后说明节俭是所有美德的共有特性,而奢侈则是恶行的源泉。在《训俭示康》中,司马光无论是谈别人的经验还是教训,都能设身处地推己及人,非常感人。司马光生活的时代正是宋朝稳定的时代,士大夫皆以奢靡为荣,奢侈几乎成为士大夫的一种风尚,对此司马光深不以为然,司马光认为,俭素不单是一种美德,而且关乎个人和国家的长远利益,司马光提倡节俭是有深意的,在当今社会物质生活越来越成为人们共同追求的情况下,读此文,我们应当得到更多启示。

【原文】

　　俭①,德之共也;侈②,恶③之大也。

　　　　　　——出自司马光《训俭示康》

【注释】

　　①俭:勤俭、节俭。

　　②侈:奢侈。

　　③恶:恶行。

【译文】

　　节俭是善行中的大德,奢侈是恶行中的大恶。

82

【解读】

对我们多数人来说，司马光这个名字是和砸缸联系在一起的。此外我们所知道的就是他那部巨著《资治通鉴》。其实真正让司马光在历史上赢得巨大声望的还是他一生的磊落和廉洁。

司马光的父亲司马池为官清廉，勤政爱民，生活十分朴素。他家一贯粗茶淡饭，绝不奢华。即使招待上等官员，也只是用当地的山果、土产的蔬菜，而且也只限于三五道菜。父亲的俭朴影响了司马光的一生。

司马光为官50多年，历仕宋四朝，还做过宰相，只在洛阳有田三顷。司马光的老伴儿张氏伴随他46年，妻子死后，家里没钱办丧事，儿子司马康和亲戚主张借些钱，把丧事办得排场一点，司马光不同意，并且教训儿子处世立身应以节俭为可贵，不能动不动就借贷，最后，他还是把自己这块地典当出去，才草草办了丧事。他的品德，就连他的政敌王安石也很佩服，愿意与他为邻。

【原文】

由俭入奢易，由奢入俭难。

——出自司马光《资治通鉴》

【译文】

由俭朴节约的生活转变成奢华富裕的生活比较容易，而由过惯了奢华富裕的生活变成俭朴节约的日子会比较难。

83

【解读】

　　古人把节俭与人的道德修养联系在一起,认为俭约节欲有助于正心养性。过分地追求物质消费和感官享受就会导致失去理智,迷失志向,人格毁损。孟子说:"养心莫善于寡欲。"意思是说,修养心性的最好方法是清心寡欲,其中寡欲就意味着节俭杜奢。他表面没有讲修养与俭约的关系,实际讲的就是节俭有助于良好品德的培养。诸葛亮进一步提出"俭以养德"的思想。"俭"本来就是一种美德,其中的"德"则是指高尚的人格,远大的志向,崇高的精神境界。"俭以养德"更深层的含义就是,通过理智来淡化人的物质欲望,节制人对物质享受的过分追求,使这种追求合于道德,合于情理,合于礼义。

【原文】

　　夫君子之行①,静以修身,俭以养德,非淡泊②无以明志,非宁静无以致远。

　　　　　　　　——出自诸葛亮的《诫子书》

【注释】

　　①行:品行。

　　②淡泊:恬淡寡欲。

【译文】

　　君子的品行,是依靠内心的平静来修养身心,是依靠俭朴的作风来培养高尚的品德,只有恬淡寡欲才能明确自己的志向,只有身心宁静才能实现远大的抱负。

84

【解读】

"历览前贤国与家,成由勤俭败由奢。"这是唐代大诗人李商隐在总结唐朝由盛世走向衰败的历史教训时写下的警世名言。

纵观古今,一个民族、一个国家,无不因节俭而昌盛,因奢侈而衰亡。昔日秦穆公,秉承"以俭得之,以奢失之"的思想,勤俭治国,很好地解决了"古者明王圣帝,得国失国当何以也?"的问题,得天下的大愿得成。历史上闻名的"文景之治",若没有汉文帝崇尚节俭、力戒奢侈,恐怕不能实现。商纣王,虽曾攻克东夷、开疆扩土到我国东南一带,但酒池肉林,纸醉金迷,醉生梦死,臣民怨声载道,商汤江山由此断送。而唐玄宗后期沉溺酒色,迷恋玩乐,荒淫无度,招致"安史之乱",盛世唐朝一去不复返。俭、奢二字,招致的一个国家的命运迥然不同,引人唏嘘、发人深思。

【原文】

历览前贤①国与家,成由勤俭败由奢。

——出自李商隐《咏史》

【注释】

①前贤:历史上的贤人。

【译文】

看遍了历史上无数的有识之士、国家、家庭,他们的成功都是因为勤奋、节俭,而当他们奢侈腐败的时候,就是他们破败没落的时候。

志

志，战国文字。形声。从心之声。志者，心之所之也。意为心愿所往。本义为志气、意愿：心之所向，未表露出来的长远而宏大的打算。

中国古代早期的思想家就非常重视『志』的因素，如孔子就说过：『三军可夺帅也，匹夫不可夺志也。』『博学而笃志，切问而近思，仁在其中矣。』他还经常与自己的学生讨论『志』的问题，《论语·公冶长》记载：『颜渊、季路待。子曰：「盍各言尔志？」子路曰：「愿车马衣轻裘与朋友共，敝之而无憾。」颜渊曰：「愿无伐善，无施劳。」子路曰：「愿闻子之志。」子曰：「老者安之，朋友信之，少者怀之。」』这里说的『志』，相当于现代的志向或志趣，亦可作理想、抱负。

85

【解读】

古圣先贤所讲的宇宙人生大道理，需要认真深入思索才能慢慢领会。要深入思索，就必须心平气静，然后领悟出一些道理来。所以，心不清则无以见道，这个"清"就是"心沉气静，了无杂念"的意思。一个满脑子杂念丛生，每日为私欲缠绕的人，想的尽是身边琐事，与人斤斤计较，患得患失，打的是个人小算盘，为一点蝇头小利而争执不休，这种人哪里会想国家大事，想宇宙人生呢？这种人必定目光短浅，胸无大志，不明事理。先贤们之所以卓有见地，著书立说，因为他们胸襟广阔，识见高远，凡事用心思考，解悟了宇宙和人生事理。

人生讲"三立"：立功、立德、立言，立功占了第一位。人人都希望自己能为国家民族立下大功业，但立功必先立志，志不立何言立功？因为没有立志就没有目标，目标模糊，则心不专一，欲望多端，杂念纷陈。今日干这事，明日则又见异思迁，心思不定，干什么都是半途而废。生活中常见一些人，一生中转换了许多行业，每个行业，长则一年半载，短则三月五月，甚至有刚刚接手一星期又放弃的，没有一件事是他如意称心的。岁月无情，流光如水，年老以后，体力衰了，手脚笨了，专业一无所长，回首业绩，没什么可称道的。两手空空，老大无成，业未立，家未兴，白发生鬓，日暮途穷，只剩下后悔的眼泪。

【原文】

心不清则无以见道，志不确则无以立功①。

——出自北宋·林逋《省心录》

【注释】

①立功：建功立业。

【译文】

心里不清静就没法明白事理，志向不明确就没法建功立业。

【解读】

这是《滕王阁序》中最富思想意义的警语。古往今来有多少有志之士，面对一切艰难险阻，总能执着地追求自己的理想，即使在郁郁不得志的逆境当中也不消沉放弃。东汉马援云："大丈夫为志，穷当益坚，老当益壮。"王勃在此化用，警示那些"失路之人"不要因年华易逝和处境困顿而自暴自弃。而王勃此时正怀才不遇，但仍有这般情怀，确实难能可贵。越是困难的时候越要坚强，永远不放弃心中的理想。

【原文】

老当益壮，宁①移②白首之心？穷③且益坚，不坠青云之志。

——出自唐·王勃《滕王阁序》

【注释】

①宁：表反问语气，意思是：岂能、哪里、怎么等。

②移：改变。

③穷：处境艰难。

【译文】

年纪老迈而情怀更加豪壮，岂能因白发而改变人的心愿？境遇艰难而意志越发坚定，绝不会坠掉直上青云的志向。

【原文】

子曰:"三军可夺帅也,匹夫①不可夺志也。"

——出自《论语·子罕》

【注释】

①匹夫:指平民中的男子,亦泛指平民百姓。

【译文】

孔子说:"三军中最重要的统帅是可以换人的,但是,一个平民百姓的志向却不可以改变。"

【解读】

"理想"这个词,在孔子时代称为"志",就是人的志向、志气。"匹夫不可夺志",反映出孔子对于"志"的高度重视,甚至将它与三军之帅相比。对于一个人来讲,他有自己的独立人格,任何人都无权侵犯。作为个人,他应维护自己的尊严,不受威逼利诱,始终保持自己的"志向"。这就是中国人"人格"观念的形成及确定。

88

【原文】

有志者,事竟成,破釜沉舟①,百二秦关终属楚;苦心人,天不负,卧薪尝胆②,三千越甲可吞吴。

——出自清·蒲松龄撰自勉联

【注释】

①破釜沉舟:原指秦朝末年,项羽举兵灭秦,巨鹿之战的事迹,后演变成成语,比喻不留退路,非打胜仗不可,下决心不顾一切地干到底。釜:锅。

②卧薪尝胆:原指春秋时期的越国国王勾践励精图治以图复国的事迹,后演变成成语,形容人刻苦自励,发奋图强。

【译文】

有志向的人,做事都会成功,就像项羽破釜沉舟,最终的百二秦关都归于楚;苦心人,天也不会辜负他,就像勾践卧薪尝胆,仅以三千越甲,吞并了吴国。

【解读】

这副有名的对联是蒲松龄在自己后期的科举考试屡次不中、落魄至极之际,亲自写下的励志自勉联。有志向的人,做事都会成功,就像项羽破釜沉舟,最终的百二秦关都归于楚;苦心人,天也不会辜负他,就像勾践卧薪尝胆,仅以三千越甲,吞并了吴国。这句话就是告诉人们,做事一定要有恒心,有毅力。想成功,就要做一个有志者,一个苦心人。

整副对联气势磅礴、催人奋进,引用了史上非常著名的两个典故和典故之后的对应结果,一个是楚霸王项羽破釜沉舟灭大秦,另一个是越王勾践卧薪尝胆吞吴国。蒲松龄以此联激励自己,终于以一部《聊斋志异》名垂青史。

廿叁 直

直：正直，率直，耿直。『是谓是，非谓非，曰直。』（《荀子·修身》）『中心辩焉而正行之，直也。』《中庸》所说的『齐庄中正，足以有敬』为直。直为做人之本。孔子尚直，此种言论《论语》中屡见：『人之生也直，罔之生也幸而免。』正直者顺道而行，顺理而言，公平无私。

正直就是要不畏强势，敢作敢为，要能够坚持正道，要勇于承认错误。正直意味着有勇气坚持自己的信念。这一点包括有能力去坚持你认为是正确的东西，在需要的时候义无反顾，并能公开反对你坚信是错误的东西。

89

【解读】

"直而温、宽而栗、刚而无虐、简而无傲"是《尧典》提出的人格培养目标，是古代的理想人格。直、栗、刚、简是刚性品格，温、宽、无虐、无傲是柔性品格，二者对立相成、交融并济，构成了一种刚柔有致的人格。刚而少柔，难与人处；柔而不刚，萎弱不立。处事刚柔适中，才能政通人和。

做人的核心问题是如何处理个人与他人的关系，如何在个体与群体之间保持一种对立又和谐的平衡关系。人作为个体，有其个体性、独立性、自主性；要能独自站立，有别他人。缺乏个性，随流从众，作为一个人立不起来，也就难有创造。另一方面，人是社会群体中的一员，也有其群体性、协同性、适应性；得跟他人同生共存、和谐相处，要能尊重别人、同情别人、关爱别人。眼中唯我、无视众生，纵己所欲、为害他人，这是难以立足于世的。和谐的社会需要和谐的人格，和谐而完善的人格是人的个体性与群体性、独立性与协同性、自主性与适应性之间的平衡，是刚与柔平衡而富有张力的结合。这就是不刚不柔，就是和而不流、中立而不倚，就是直而温、刚而无虐，就是孔子身上所体现的古代君子人格。这种人格不仅决定了人与社会相处之道，而且还昭示了人与自然和谐之道：人一方面独立于自然，要超越、改变自然；另一方面也依存于自然，要归顺、维系自然。这正是刚柔有致。古代的人格理想蕴含着我们祖先千百年的生存智慧，足以启迪我们应对今天的世界与挑战。

【原文】

直而温①，宽而栗②，刚而无虐③，简而无傲。

——出自《尚书·尧典》

【注释】

①直：正直，率直，耿直。"是谓是，非谓非，曰直。"《荀子·修身》温：温和，温厚，温柔。温者予人温暖，如春风煦日。直而温，既直且温：直以立身，温以待人；持之以直，出之以温。

②宽而栗：宽，宽宏，宽厚，宽容。但宽不是无边无际的，不是是非不辨、容污纳垢。《礼记·表记》："宽而有辨。"郑玄注："辨，别也。犹'宽而栗'也。"宽而栗的"栗"，就是条理清楚、明辨是非。宽而栗，待人宽厚、处事宽容，又能明辨是非、坚持原则。

③刚：刚强，刚毅，刚健。刚者是顶天立地的大丈夫。虐：暴虐，残酷，伤害。刚易失之于虐。为人强悍，行事猛厉、过头就会伤害人，显得残酷无情。尤其对于弱者，刚猛过甚就是暴政，就是凌虐，就是欺侮。刚而无虐，适得其正。

【译文】

为人正直而温和，待人宽厚又能明辨是非，性情刚正而不凌人，志向宏大而不傲慢。

90

【原文】

子曰:"恭而无礼则劳①,慎而无礼则葸②,勇而无礼则乱,直而无礼则绞③。"

——出自《论语·泰伯》

【注释】

①劳:辛劳,劳苦。

②葸:音xǐ,拘谨、畏惧的样子。

③绞:说话尖刻,出口伤人。

【译文】

孔子说:"恭敬而不符合礼的规定,就会烦扰不安;谨慎而不符合礼的规定,就会畏缩拘谨;勇猛而不符合礼的规定,就会违法作乱;直率而不符合礼的规定,就会尖刻伤人。"

【解读】

孔子在《礼记·仲尼燕居》中说:"夫礼,所以制中也",礼为求中之器,礼,制中,礼求中,礼,亦为中,亦可以理解为度。"恭"、"慎"、"勇"、"直"等德目不是孤立存在的,必须以"礼"作指导,只有在"礼"的指导下,这些德目的实施才能符合中庸的准则,否则就会出现"劳"、"葸"、"乱"、"绞",就不可能达到修身养性的目的。

91

【原文】

子曰："人之生也直，罔①之生也幸②而免。"

——出自《论语·雍也》

【注释】

①罔：诬罔的人，不正直的人。

②幸：侥幸。

【译文】

人活在世上，为人处事要正直，邪而不正、曲而不直的人虽然有时也混得不错，但那只不过是侥幸地逃脱了他应得的下场。

【解读】

本篇中的"直"，是儒家的道德规范。直即直心肠，意思是耿直、坦率、正直、正派，同虚伪、奸诈相对。直，符合仁的品德。

正直是立身处世之本。不正直的人虽然也可以欺世盗名，侥幸生存，甚至可能福禄双至。但是，多行不义必自毙，不是不报，时辰未到而已。

【原文】

夫达也者,质直而好义,察言而观色①,虑以下人。

——出自《论语·颜渊》

【注释】

①察言而观色:观察别人的说话或脸色,多指揣摩别人的心意。

【译文】

所谓"达",就是质朴正直而好尚信义,谨慎考虑别人的言语,留心观察别人的神态,考虑着谦虚地对待别人。

【解读】

孔子所说的"达",是指一个人的良好品质与他的言行达到一致。"质直而好义"也就是从内而外,自己的心就是正直的,这个也是"主忠信",而行为上就是"唯义与比"。"察言而观色,虑以下人。"如果说第一句主要说的是对己"忠"的话,这一句讲的就是"恕"。将别人当成和自己一样的人,通过察言观色,来观察别人的想法。这样的话,才真的算是"达人"。孔子认为只有这样的人,取得高位才是正当的,才是应该的。

廿肆

敬

「敬」是儒家伦理思想的重要范畴。「敬」是指人与人之间在交往中互相尊重对方而又谦虚的道德准则，是指自我抑制的道德能力。春秋之前，「敬」主要指严肃、认真、谨慎、勤勉、郑重、努力等积极的临事态度。「敬」的意义体现了在天命鬼神观念笼罩之下，由人对天帝鬼神的尊敬畏惧生发、承续、拓展并理性化后，形成的基本的道德规范，显示的是对君臣道德操守和品行的要求，对社会各个阶层都具有普遍的道德意义。孔子对传统的「敬」观念给予了足够的重视，认为「敬」是礼的核心。孟子认为「敬」是人与生俱来的本性，是「仁者」所必须具备的优秀品质。荀子认为「敬」是礼的本质，是「仁者」所必须具备的优秀品质。宋明理学家则将「敬」作为道德修养方法，提倡「主敬」。在儒家伦理史上，「敬」先后有了作为社会道德原则，与生俱来的本性、个人内心及外表的修养方法等众多的含义，从而成为了儒家伦理范畴中相对比较重要的一部分。在现代社会，我们所说的「敬」不仅指敬人，即敬自己，敬他人，也指敬自己所做的事，即「敬业」。只有对事保持敬意，才会诚心诚意去做，然后才能做得最好。儒家的「敬」观念在现代管理中的家庭管理、职业管理、人际关系管理、环境管理、自我管理等领域，发挥着重要的现实作用。

93

【原文】

子曰："居①上不宽②,为③礼不敬④,临⑤丧⑥不哀,吾何以⑦观之哉⑧?"

——出自《论语·八佾》

【注释】

①居:处于。

②宽:宽厚。

③为:做,行。

④敬:尊敬。

⑤临:面对。

⑥丧:丧事。

⑦何以:凭什么。

⑧观之哉:之,代词,指有这些行为的人。哉,语助词。

【译文】

孔子说:"处在上位不宽厚,施行礼仪不尊敬,面临丧事不哀伤,我凭什么观察这个人呢?"

【解读】

孔子主张实行"德治"、"礼治",认为"敬"是"礼"的核心。他继承了传统"敬"观念蕴含的情感、态度和规范的意义。但是,孔子的"敬"更多体现了对人伦自然亲情的关注和社会一般成员的尊重,注重了"敬"对自身修养的价值和作用。孔子用"敬"来贯彻和实践其倡导建树的仁学思想。这首先提出了对当政者的道德要求。居上应爱人,应以宽为本,行礼以敬为本,临丧以哀为本。为人处世如不能把握根本,则难以做人,也难以做事。倘为官执政者做不到"礼"所要求的那样,自身的道德修养不够,那这个国家就无法得到治理。当时社会上礼崩乐坏的局面,已经使孔子感到不能容忍了。在孔子思想体系中,"敬"是一种精神和态度,既有道德规范的意义,又具有实践性品格,是孔子学说中一切伦理道德准则借以实践自身的中介。

【原文】

用①下敬上,谓之贵贵②;用上敬下,谓之尊贤。贵贵、尊贤,其义一也。

——出自《孟子·万章下》

【注释】

①用:以。

②贵贵:以贵人为高贵。前者为意动词。

【译文】

位低者尊敬位高者,谓之尊敬贵人;位高者礼敬位低者,谓之礼敬贤人。尊敬贵人和礼敬贤人都是一样的。

【解读】

孟子不仅认为"敬"是人与生俱来的优秀品质,而且认为尊重他人是人人都应该具有的品格,而且强调君臣之间的相互尊敬,"用下敬上谓之贵贵,用上敬下谓之尊贤"(《孟子·万章下》),不管你的社会地位是怎样的,都应该做到对别人尊敬,才能被称为"贵贵"与"尊贤"。孟子在"敬"这一点上对自己要求相当严格,"礼,人不答,反其敬"(《孟子·离娄上》),认为当一个人以礼与别人交涉时,别人却不答,那不应责怪他人的无礼,而应该反思,并变得更加恭敬。

95

【原文】

　　凡百事之成也，必在敬之；其败也，必在慢之。

　　　　　　——出自《荀子·议兵》

【译文】

　　凡事之所以能成功，都是因为严肃认真地对待它；凡事之所以会失败，都是因为轻慢、懈怠。

【解读】

　　荀子认为"敬"是"礼"的本质，是"仁者"所必须具备的优秀品质，它有各种各样的表现。"故仁者必敬人，敬人有道，贤者则贵而敬之，不肖者则畏而敬之，贤者则亲而敬之，不肖者则疏而敬之。其敬一也，其情二也。"（《荀子·臣道》）"敬"不止是对人的尊敬，同时还有重视的意思，"凡百事之成也，必在敬之；其败也，必在慢之"（《荀子·议兵》），不管做任何事情，只有重视它才能取得成功，而如果轻视它，则势必会失败。荀子还说："君子敬其在己者，而不慕其在天者，是以日进也。"（《荀子·天论》）荀子认为自己的主观能动性是最主要的，只有真正的重视自己，而不是只去看先天的因素，充分挖掘自身潜力就能不断进步。在荀子看来，"敬"一是人与人之间相互尊重，二是对自己、对自己的事情的重视。

96

【解读】

让，繁体字讓"，从言从襄，"襄"意为"包裹"、"包容"的意思，"言"与"襄"合起来则表示"包容性言论"、"充分考虑了对方意见的言论"、"妥协性言论"，其本义则为宽厚、包容、忍退。让，是一种心态，一种境界，一种美德，一种胸怀，是处世的一方良药。古人云："世事如棋，让一着不为亏我。心田似海，纳百川方见客人。"没有忍让的功夫，无论做什么事都很难达到目标。别人说一句闲话，你就要计较；遇到一点小磨难就不堪忍受，这种没有力量应对环境的人是不能担当大任，也不会有大成就的。"忍一时风平浪静，退一步海阔天空。""海纳百川，有容乃大。"天空包容太阳，万物才郁郁葱葱；山谷包容溪流，江海才浩浩荡荡。常怀宽容之心，人生道路才会九曲百回亦风调雨顺。从"让"字做起，人的心灵才会风光旖旎而美不胜收。

敬，就是尊重、肃恭、仰慕、钦佩的意思。和"敬"字搭配的词很多，在这里只讲三个：一是敬爱，二是敬重，三是敬畏。敬爱，对父母，对师长，对领袖，一定要尊重热爱；敬重，晚辈对长辈、下级对上级、主观对客观，一定要重视，不能视而不见；敬畏，既尊重又畏惧，对一切神圣的事物(包括人和自然)，从内心发出一种既尊敬而不敢逾越界限反而带有些害怕的态度。尊敬他人和尊敬自然，不仅可以表现一个人的修养，也能为你赢得世人的尊敬。这样的人，不管遇到什么问题都能平和顺利地解决；这样的人，在为自己谋取幸福的同时，也为别人的利益着想，于人无伤，于己无愧；这样的人，才能掌握、驾驶客观规律，而不被天灾人祸所惩罚。

【原文】

为善之端无尽，只讲一让字，便人人可行；立身之道何穷，只得一敬字，便事事皆整。

——出自明代·王永彬《围炉夜话》

【译文】

人世间行善的方法无穷无尽，只要能讲一个"让"字，那么每人都可以行善；处世之道多种多样，只要做到一个"敬"字，那么遇事都能够理顺。

廿伍

耻

知耻，在中国传统美德中有着重要的地位。在儒家道德思想体系中，儒家学说认为「耻」是道德的四大纲纪之一，也是四种善端之一。早在春秋时期，管子就说过：「礼义廉耻，国之四维。」「四维不张，国乃灭亡」，把「耻」列为维系社会、国家存亡的支柱之一。以后较长时期中，「耻」也都被列为八德（孝悌忠信礼义廉耻）之一。知耻是一个人立身行世的根本。知耻与无耻反映出截然不同的人生观和价值观，知耻是做人的基本要求，无耻则无人格可言。

儒家维护「礼治」，提倡「德治」，重视「人治」，这与个人「耻」感紧密关联。「耻」感意识与人的气节操守密切相关。「耻」感意识是社会伦理标准和道德准则的基础。「耻」感意识淡化必然导致社会道德水平下降。缺乏「耻」感的人格是不健全的，缺乏「耻」感意识的社会是不健康的。树立「耻」感意识，人们才能明辨是非善恶荣辱美丑，才能确立正确的人生观和价值观。「耻」感既承载深厚的文化源流，也体现时代特色。当前我国正处于转型时期，呼唤「耻」感意识回归，弘扬「耻」感文化对于社会健康发展尤为必要。

97

【解读】

"耻"不像"仁"、"义"、"礼"、"智"、"信"等诸德目一样,为从心性基础上所生长出的理性或智性。孟子曾指出,人的仁义礼智诸德,均是由先天的善性"四心"分别产生。

"耻"在一定意义上,为一种行为正确与错误的理性判断力,呈现为让人明确该做与不该做的道德标准。知耻,是道德的自觉,前提是要有正确的道德观念。没有正确的道德观念,会黑白不分,是非颠倒,以荣为耻,以耻为荣。正因为此,孟子所谓"无耻之耻是为耻焉",认为丧失了羞耻这一判断标准,那就是真正的无耻。

【原文】

孟子曰:"人不可以无耻①,无耻②之耻,无耻矣。"

——出自《孟子·尽心上》

【注释】

①耻:羞耻、羞愧之心。

②无耻:没有羞耻心。

【译文】

孟子说:"人不可以没有羞耻之心,不知羞耻的羞耻,就是真正的无耻啊!"

【解读】

孔子"好学近乎知(喜欢学习就接近了智),力行近乎仁(努力实行就接近了仁),知耻近乎勇"是儒家对知、仁、勇"三达德"的一种阐发。"知耻近乎勇"的意思是说一个人只有懂得羞耻,才能自省自勉,奋发图强。有羞耻心的人,才能勇敢地面对自己的错误,战胜自我,这是"勇"的表现。常怀一颗羞耻之心,不仅可正身,养浩然之气,而且知进取,成千秋伟业,盖因知耻近乎勇也。古往今来,无论个人还是群体,知耻与不知耻的情形大不一样。纵览历代圣人贤哲,哪一位不是知耻惜荣的人杰?从孔子"大道之行也,天下为公"到孟子"仰不愧于天,俯不怍于人";从庄子"视死若生者,烈士之勇也"到屈原"闭心自慎,终不失过也";从司马迁"君子盛德,容貌若愚"到诸葛亮"鞠躬尽瘁,死而后已";从欧阳修"富贵不染其身,利害不移其守"到范仲淹"先天下之忧而忧,后天下之乐而乐"……无一不是心系社稷的嘉德懿行。反之,那些少廉寡耻之人,如暴虐无道的夏桀商纣,陷害忠良的秦桧,口蜜腹剑的李林甫,贪赃枉法的和珅之徒,哪个不是遗臭万年?

古语有云,知人者智,自知者明。自知不仅要了解自身的优点,还要了解自身的耻辱所在。这对个人至关重要,对国家和民族更有着深远的影响。

【原文】

知耻近乎勇。

——出自《礼记·中庸》

【译文】

知道羞耻就接近勇敢了。

99

【解读】

　　"耻"是一种以道德意识为主要内容的情感体验。一般说来人们的想法和行为有时并非完全符合道德规范。当人们进行自我道德审视时,有时会发现自己的所思所想、所作所为违反了社会伦理道德规范。在确定个人言行必须符合社会道德规范这一前提下,人们会自觉萌发趋善意向和自新要求并产生自我道德训诫,这就是耻感。古人云:君子有所为,有所不为。有些事情虽然自己内心有欲望,非常想去做,但是人有了羞耻之心,就能够很好地约束自己,知道不可为的事情,就绝不会去为了。由此可见,耻感意识是人们在道德自律和道德完善方面不可或缺的要素。它能影响到社会经济、政治、法律、文化以及人们日常生活的方方面面,所谓"不廉则无所不取,不耻则无所不为"(顾炎武)。

【原文】

　　人有耻,则能有所不为。

　　　　——出自朱熹《朱子语类》卷十三

【译文】

　　人如果有了羞耻之心,(有些不该做的事情)就能够不去做了。

100

【解读】

在吕坤生活的嘉靖、万历时代，物欲横流，"羞耻心"已被人们渐渐淡忘，社会道德体系到了崩溃的边缘。整个时局如吕坤形容的那样："人心如实炮，火一点烈焰腾天；国事如溃瓜，手一触流液满地。"面对此情此景，吕坤痛感重树社会道德的重要，他痛切地指出，"五刑不如一耻"，即再残酷的刑罚，也不如让人懂得一个"耻"字，教育人懂得廉耻比重刑重罚更重要。人的道德水准提高了，知道什么叫羞耻，什么事该做，什么事不该做，就能明辨是非。人贵有"羞耻之心"，知羞是善的开端，无耻是恶的开始。人之所以是非颠倒，以丑为美，以耻为荣，做出种种不道德的事，一个重要的原因就在于不知羞耻。在以《呻吟语》为代表的诸多著述中，吕坤通过阐述自己对治国修身、为人处世等方面的心得体会和见解，表达了他对重新树立晚明社会道德标准的迫切心情，希望重新唤起人们心中的羞耻心，希望重建儒家修齐治平的道德体系。

【原文】

五刑①不如一耻，百战不如一礼，万劝不如一悔。

——出自明代·吕坤《呻吟语·治道》

【注释】

①五刑：五刑有奴隶制五刑和封建制五刑之分，封建五刑分别为笞、杖、徒、流、死。

【译文】

用五刑使人免于犯罪，不如让他懂得羞耻；用百战使他屈服，不如教他以礼；万次劝勉，不如让他知道悔恨。

弟子规

原名《训蒙文》 作者：李毓秀（公元1647年至1729年）

总叙

弟子规 圣人训 首孝悌 次谨信 泛爱众 而亲仁
有余力 则学文

入则孝

父母呼 应勿缓 父母命 行勿懒 父母教 须敬听
父母责 须顺承 冬则温 夏则清 晨则省 昏则定
出必告 反必面 居有常 业无变 事虽小 勿擅为
苟擅为 子道亏 物虽小 勿私藏 苟私藏 亲心伤
亲所好 力为具 亲所恶 谨为去 身有伤 贻亲忧
德有伤 贻亲羞 亲爱我 孝何难 亲憎我 孝方贤
亲有过 谏使更 怡吾色 柔吾声 谏不入 悦复谏
号泣随 挞无怨 亲有疾 药先尝 昼夜侍 不离床
丧三年 常悲咽 居处变 酒肉绝 丧尽礼 祭尽诚
事死者 如事生

出则悌

兄道友 弟道恭 兄弟睦 孝在中 财物轻 怨何生
言语忍 忿自泯 或饮食 或坐走 长者先 幼者后
长呼人 即代叫 人不在 己即到 称尊长 勿呼名
对尊长 勿见能 路遇长 疾趋揖 长无言 退恭立
骑下马 乘下车 过犹待 百步余 长者立 幼勿坐
长者坐 命乃坐 尊长前 声要低 低不闻 却非宜
近必趋 退必迟 问起对 视勿移 事诸父 如事父
事诸兄 如事兄

谨

朝起早 夜眠迟 老易至 惜此时 晨必盥 兼漱口
便溺回 辄净手 冠必正 纽必结 袜与履 俱紧切
置冠服 有定位 勿乱顿 致污秽 衣贵洁 不贵华
上循分 下称家 对饮食 勿拣择 食适可 勿过则
年方少 勿饮酒 饮酒醉 最为丑 步从容 立端正
揖深圆 拜恭敬 勿践阈 勿跛倚 勿箕踞 勿摇髀

缓揭帘 勿有声 宽转弯 勿触棱 执虚器 如执盈
入虚室 如有人 事勿忙 忙多错 勿畏难 勿轻略
斗闹场 绝勿近 邪僻事 绝勿问 将入门 问孰存
将上堂 声必扬 人问谁 对以名 吾与我 不分明
用人物 须明求 倘不问 即为偷 借人物 及时还
后有急 借不难

信

凡出言 信为先 诈与妄 奚可焉 话说多 不如少
惟其是 勿佞巧 奸巧语 秽污词 市井气 切戒之
见未真 勿轻言 知未的 勿轻传 事非宜 勿轻诺
苟轻诺 进退错 凡道字 重且舒 勿急疾 勿模糊
彼说长 此说短 不关己 莫闲管 见人善 即思齐
纵去远 以渐跻 见人恶 即内省 有则改 无加警
唯德学 唯才艺 不如人 当自砺 若衣服 若饮食
不如人 勿生戚 闻过怒 闻誉乐 损友来 益友却
闻誉恐 闻过欣 直谅士 渐相亲 无心非 名为错

有心非 名为恶 过能改 归于无 倘掩饰 增一辜

泛爱众

凡是人 皆须爱 天同覆 地同载 行高者 名自高
人所重 非貌高 才大者 望自大 人所服 非言大
己有能 勿自私 人所能 勿轻訾 勿谄富 勿骄贫
勿厌故 勿喜新 人不闲 勿事搅 人不安 勿话扰
人有短 切莫揭 人有私 切莫说 道人善 即是善
人知之 愈思勉 扬人恶 既是恶 疾之甚 祸且作
善相劝 德皆建 过不规 道两亏 凡取与 贵分晓
与宜多 取宜少 将加人 先问己 己不欲 即速已
恩欲报 怨欲忘 报怨短 报恩长 待婢仆 身贵端
虽贵端 慈而宽 势服人 心不然 理服人 方无言

亲仁

同是人 类不齐 流俗众 仁者稀 果仁者 人多畏
言不讳 色不媚 能亲仁 无限好 德日进 过日少
不亲仁 无限害 小人进 百事坏

余力学文

不力行　但学文　长浮华　成何人
但力行　不学文

任己见　昧理真　读书法　有三到　心眼口　信皆要

方读此　勿慕彼　此未终　彼勿起　宽为限　紧用功

工夫到　滞塞通　心有疑　随札记　就人问　求确义

房室清　墙壁净　几案洁　笔砚正　墨磨偏　心不端

字不敬　心先病　列典籍　有定处　读看毕　还原处

虽有急　卷束齐　有缺坏　就补之　非圣书　屏勿视

敝聪明　坏心志　勿自暴　勿自弃　圣与贤　可驯致

　　《弟子规》原名《训蒙文》，原作者李毓秀是清朝康熙年间的秀才。以《论语·学而篇》中「弟子入则孝，出则悌，谨而信，泛爱众，而亲仁，行有余力，则以学文」为中心，分为五个部分，详细列述弟子在家、出外、待人、接物与学习上应当恪守的守则规范。后来清朝贾存仁修订改编《训蒙文》，并改名《弟子规》，是启蒙养正、教育后辈敦伦绝分、防邪存诚，养成忠厚家风的最佳读物。

　　祖宗虽远，祭祀不可不诚。子孙虽愚，经书不可不读。废经废伦，治安败坏根由。贪嗔痴慢，人心蜕化原因，欲致天下太平，须从基本着手。图挽犯法狂澜，唯有明伦教孝。误基本为枝末，认枝末为基本。为求解决问题，反倒制作问题。正人唯有务本，本务邦国自宁。

　　俗云：教儿初孩，教妇初来。儿童本性未染污前，善言易入。先入为主及其长而不易变。故人之善心、信念，须在幼小时造就；凡是身为人父母者，在其子女幼小时，即当教以读诵经典，以培养其基本智慧及定力；更晓以因果报应之理，敦伦绝分之道。若幼小时不教，待其长大，则习性已成，无能为力矣！

　　李毓秀（1647－1729）字子潜，号采三，新绛县龙兴镇周庄村人，生于清代顺治七年，曾捐钱获得县丞一职，卒于清雍正六年，享年83岁。清初著名学者、教育家。从师党冰壑游历近二十年。精研大学中庸，创办敦复斋讲学。来听课的人很多，门外满是脚印。太平县御史王奂曾多次向他请教，十分佩服他的才学，被人尊称为李夫子。平生只考中秀才，主要活动是教书。